부의시작

BINBOU WA KANARAZU NAORU

Copyright © Shinichi Sakuragawa 2017

Korean translation rights arranged with Shinichi Sakuragawa c/o the Appleseed Agency Ltd. and CCC Media House Co., Ltd.

through Japan UNI Agency, Inc., Tokyo and Tony International, Seoul

이 책의 한국어판은, Japan UNI Agency, Inc., 와 토니 인터내셔널을 통한 권리자와의 독점
계약으로, 한국어판 저작권은 "경원출판사"에 있습니다. 저작권법에 의해 한국 내에서 보호를 받는
저작물이므로 무단전재와 무단복제를 금합니다.

부의시작

개정판 1쇄 발행 2020년 7월 10일
　　　　2쇄 발행 2020년 9월 1일

지은이　　사쿠라가와 신이치
옮긴이　　하진수
출판기획　마인더브
등록　　　2018년 3월 27일 (제307-2018-15호)
펴낸곳　　경원북스
주소　　　서울시 광진구 아차산로 375(B1, 105호)
전화　　　02-2285-3999
팩스　　　02-6442-0645
인쇄　　　두경M&P
이메일　　kyoungwonbooks@gmail.com

이 도서는 〈돈을 좋아하는 사람 돈이 좋아하는 사람〉의 개정판입니다.

ISBN 979-11-89953-08-9 (03190)
정가 13,800원

이 도서의 국립중앙도서관 출판예정도서목록(CIP)은 서지정보유통지원시스템
홈페이지(http://seoji.nl.go.kr)와 국가자료공동목록시스템(http://www.nl.go.kr/
kolisnet)에서 이용하실 수 있습니다.(CIP제어번호: CIP2020020326)

부의 시작

사쿠라가와 신이치 지음 | 하진수 옮김

마인더브

부의 출발점으로 가는 생활습관

당신은 혹시 '가난 보균자'이지 않은가? 즉 몸속에 가난이 은닉하고 있는데 확실히 자각하지 못하고 있거나, 가난의 은닉을 자각하고는 있지만 인정하고 싶지 않은 상태 말이다.

가난은 사고방식이나 행동습관에서 오는 생활습관 질병이다.

고개를 디밀지는 않아도 '은닉하고 있던 가난'은 반드시 발병한다. 사람에 따라서 타이밍은 다르겠지만, 결혼했을 때 아이를 키울 때 존재를 드러내는 경우가 많다. 그리고 오늘날 사람들이 가장 두려워하는 상황은 회사를 그만두고 나서 찾아오는 '노후파산'이다. 퇴직 후에 은닉하고 있던 가난이 단숨에 활개를 치는 것이다.

가난은 생활습관 질병이다. 식사습관을 바꾸고, 생활리듬을 정돈하고, 운동하는 것으로도 컨디션이 크게 개선되는 것처럼 가난도 생활습관을 바꾸면 반드시 고칠 수 있다. 이 책은 있는 듯 없는 듯한 '보통의 회사원'이었던 내가, 가족이 만든 30억 원의 빚을 갚고, 부동산과 주식으로 30억 원의 자산가가 되기까지의 과정을 알기 쉽게 정리한 것이다. 나는 가난의 구렁텅이를 벗어나 자산가로 역전하는 동안 '가난은 생활습관 질병임'을 몸소 깨닫게 되었다. 생활습관을 개선하는 것으로 오히려 부자가 될 기회가 찾아온다.

이 책에서는 가난한 사람과 부자를 비교하고 있다. 이 책에 등장하는 가난한 사람은 과거의 나이자 내 주변에 있는 친구, 지인, 가족이다. 시간을 되돌릴 수 있다면 과거의 나와 주변 사람에게 충고해주고 싶다. 생활습관을 개선해서 부자의 길을 걷길 바라는 마음에서 이 책을 집필하게 되었다. 나와 마찬가지로 현재 불만을 품고 생활하는 사람을 위해 '가난 보균자'를 탈피하고 부자가 되는 요령과 구체적인 방법을 정리했다.

1부부터 4부까지는 부자가 가난한 사람과 어떤 점이 다른지 생각습관, 행동습관, 자기 관리, 마음 관리로 나누어 각각 비교해본다. 부자의 남다른 생활습관 40항목을 모두 살펴본 다음에 5부를 읽기 바란다. 부의 시작을 서둘러 하고 싶은 마음에 5부 내용만 필요하다고 말하는 사람이 있을지도 모르겠다. 하지만 부의 출발점에 서려면 우선 가난해지지 않는 방법을 아는 것이 중요하다. 축구에서 아무리 득점을 해도 수비가 허술하면 시합에서 이기지 못하는 것처럼 아무리 돈을 벌어도 쓸데없이 돈을 쓰면 언젠가는 가난한 사람이 된다.

중요한 것은 돈을 버는 시스템과 돈이 새어나가지 않는 시스템을 동시에 습득하는 것이다.

나는 평범한 회사원이었다. 어느 쪽이냐고 하면 회사에서 일말의 기대도 걸지 않는 회사원이었다. 처음부터 그랬던 것은 아니다. 내 업무는 여러 회사나 단체의 기획을 맡아 처리하는 것이다. 입사 초에는 일이 재미있어서 잠도 안 자고 밥도 거르면서 일했지만, 점차 상사와 부딪히는 일이 잦아졌고, 내게 일을 주지 않는 식으로 애를 먹었다. 그렇게 되자 점점 일도 재미없어졌고 퇴근 후에는 넋두리를 늘어놓는 술자리가 계속됐다. 악순환에 돌입한 것이다. 어느새 회사로부터 찍짝 취급을 당하는 신세가 되었다.

일이 재미없어지면 돈 씀씀이도 헤퍼지고 저축도 전혀 하지 못한다. 그뿐이랴, 신용카드 현금서비스로 1년을 겨우겨우 버티는 상태가 되었다. 그런 상황에서 결정타를 맞았다. 바로 내가 보증을 선 형네 회사가 도산한 것이다. 지금은 사업 보증에 관계없는 사람을 끌어들이지 않게 되어 있지만, 그때만 해도 보증인이 되면 빌린 당사자와 마찬가지로 빚을 책임져야 했다.

어느 날 갑자기 빚 30억 원을 짊어지게 된 것이다.

가난이 단숨에 활개치기 시작한 것은 물론이다. 빚보증만이 문제가 아니었다. 설상가상으로 내가 아버지에게서 물려받은 오래된 빌딩에 입주한 회사의 사장이 수개월분 임대료를 내지 않은 채로 야반도주했다. 종종 내가 돈을 빌려주었던 친구는 가족 사정 때문에 생활보호대상자가 되었다. 게다가 부모님 댁에는 도둑이 들어 금품을 도난당했다. 내 주변에서 은닉하고 있던 가난이 우후죽순으로 활개치기 시작했다.

밀어닥치는 가난의 파도 속에서 나는 필사적으로 발버둥을 쳤다. 금융기관이 준 유예기간은 단 6개월이었다. 의지할 사람도 없었고, 변호사를 고용할 비용도 없었다. 하지만 각고의 노력으로 거액의 변제액을 줄이는 데 성공했다. 나뿐만이 아니다. 내 부모님도 빚의 구렁텅이에서 탈출할 수 있었다.

하마터면 가난에 먹힐 뻔했지만, 나는 갑자기 떠안게 된 거액의 빚보증인의 굴레에서 탈출하고 역전하여 부자가 되는 방법을 찾았다.

업무 관계로 알게 된 지인 중 부자가 몇 명 있다. 그들의 행동거지에 부자가 되는 사고가 숨겨져 있지 않을까? 그들의 행동에서 실마리를 얻을 수 있지 않을까? 나는 형, 야반도주한 사장, 생활보호대상자가 된 친구 그리고 나 자신을 부자인 경영자와 철저히 비교하여 차이점을 생각해보았다. 그리고 사고방식 및 행동에 소소한 차이가 있음을 알게 되었다. 바로 일상생활의 소소한 변화가 부자가 되는 출발점이었다.

나는 바뀌었다. 돈을 벌어 부동산 투자를 했고 그렇게 번 돈을 주식으로 돌려서 현재 30억 원 이상의 자산을 보유하고 있다. 그야말로 부자로 가는 길을 밟아 오르기 시작한 것이다. 지금도 그 오르막을 오르는 중이다. 일상생활을 바꾸면 가난에서 탈출하여 부자가 되는 오르막을 오를 수 있다. 이제 그 요령을 소개하겠다.

사쿠라가와 신이치

차례

PART 2

가난한 자와 출발점부터 다른
부자의 행동습관

PART 5 | 부의 시작 D-8

가난한 자와 출발점부터 다른
부자의 생각습관

나눗셈 말고 곱셈으로
생각하라

돈을 쓸 때, 돈을 저축할 때 곱셈을 해보세요.

　쇼핑할 때 무심코 나눗셈하는 습관이 있지 않은가? 세상이 점점 편리해져서 마트나 편의점에서도 카드로 결제하는 게 당연해졌다. 인터넷 쇼핑도 마찬가지다. 클릭해서 장바구니에 넣고 또 클릭 몇 번으로 순식간에 결제가 완료되어 배송 확인 창이 뜬다. 정말 간단하고 편리해서 좋다.

　그 밖에도 지갑 사정에 맞추어 결제금액을 조정할 수 있고 할

부나 리볼빙 서비스신용카드 사용대금 중 일부만 갚고, 나머지 결제금액은 다음으로 돌려 갚아 나갈 수 있는 제도 등을 제공하는 신용카드는 돈을 쓰기 참 편리한 도구다. 오늘날은 현금의 존재감이 점점 희미해지고 있는 것 같다.

내야될 돈을 분할한다고 하면 예전 내 친구가 한 말이 생각난다. 친구는 딱히 필요도 없어 보이는데 200만 원이나 하는 자전거를 사면서 이렇게 말했다.

"이걸 10년 타면 1년에 20만 원을 내는 셈이야. 한 달에 대략 17,000원이라고. 매일 타면 하루에 600원도 안 돼. 싼 거 아니야? 그렇게 나눗셈으로 생각하면 진짜 가치가 보여"

당시 사회인이 된 지 얼마 안 되었던 나는 '의외로 합리적인 친구였네. 이런 사람을 머리가 비상하다고 하는 거구나' 하고 친구의 사고방식에 크게 감동받았다.

하지만 정말로 그럴까?

나눗셈으로 생각하면 얼핏 비싸게 보이는 것도 상당히 합리적인 가격으로 보인다. 이런 생각을 가르쳐준 친구는 현재 저공비행하며 살고 있다. 추락은 하지 않았지만 어째서인지 풍족하지 않은 나날을 보내고 있다.

왜 그럴까? 그는 <u>나눗셈 습관의 함정</u>에 빠졌기 때문이다. 돈에 대해서 나눗셈으로 생각하는 습관 말이다. 신용카드의 할부, 리볼빙 서비스에 의한 빚은 모두 고액의 빚을 가볍게 보이도록 하는 제도다. 가난한 사람이 무심코 빠지기 쉬운 사고방식이다. 이것이 가난으로 향하는 입구인 줄도 모른 채 말이다.

신용카드뿐만이 아니다. 주택담보대출도 그렇다. 인생에서 최대의 쇼핑이라고 불리는 집 구입에 있어서도 '매달 80만 원인데 구입할까, 말까?' 하고 지불할 총액이 아닌 매달 지불하는 액수를 중시하는 사람이 많다.

"지금보다 조금 바짝 아껴 생활하면 낼 수 있어" 바로 이것이 나눗셈의 함정이다. 파는 쪽도 나눗셈한 숫자만을 강조하여 사는 쪽이 마음의 부담을 덜어 구입하도록 유도한다. 이 함정에 많은 사람이 걸려드는 것이다.

일반 사람뿐만이 아니다. 회사도 마찬가지다. A 은행의 융자 변제는 매달 100만 원이다. 그 정도면 갚을 수 있다. B 은행의 융자 변제는 매달 150만 원이다. 그 정도도 괜찮다. 한 번에 250만 원이라고 하면 어쩐지 부담되지만 어째서인지 100만 원이나 150만 원으로, 그것도 변제일이 다르면 부담스럽지가 않다.

형네 회사도 여러 금융기관에서 대출을 받았다. 도산한 후 회사 재무 상황을 살펴보았는데, 소액 융자를 여러 군데에서 받았다. 짐작건대 빚으로 빚을 막는 상황이었으리라. 어려운 상황이었기 때문에 나눗셈으로 나온 숫자에만 의지해서 간단한 덧셈도 하지 못했던 것일지도 모른다. 아니, 어쩌면 덧셈하기를 회피했던 것인지도 모른다.

가난한 사람이 나눗셈으로 생각하는 데 비해 부자는 곱셈으로 생각한다. 주택담보대출에 비유하면, 가난한 사람은 나눈 금액으로 '적다'라고 판단하지만, 부자는 이자를 곱해서 총액으로 판단한다.

그 밖에도 부자는 휴대전화에 가입할 때 부가 서비스에도 주의를 게을리하지 않는다. 월 3,000원이라고 하면 바로 12를 곱해서 연간 3만 6,000원으로 셈한다. 그리고 그 서비스의 필요 여부를 1년 총액으로 판단한다. 반면 내 친구처럼 나눗셈하는 사람은 월 3,000원을 나누기 30을 하여 '하루에 단돈 100원이라니! 그럼 해야지!'라고 판단한다.

곱셈을 사용하면 생활에서 필요 없는 부분도 발견할 수 있다. 주 1회 동료와 회사에 대한 넋두리를 쏟아내기 위해 가졌던 술자리를 생각해보자. 1회 3만 원이라도 한 달이면 12만 원 정도다. 1년이면 150만 원에 육박한다.

부자는 저축할 때도 곱셈으로 생각한다. 매달 30만 원으로 저축하면 1년에 360만 원이다. 10년이면 3,600만 원이다. 부자는 여기에 이자도 곱한다. 연이율 3%의 복리라고 치면 4,250만 원이 된다고 말이다.

부자는 쓸데없는 지출을 없앨 때도, 돈을 저축할 때도 기본은 곱셈을 한다. 나눗셈에서 곱셈으로 생각하여 부자 체질로 개선해나가보자.

과거에 연연하지 말고
미래 전략을 짜라

과거의 추억은 과거에 나두세요.

할아버지는 나와 대화할 때 옛날이야기를 자주 하셨다. "내가
젊었을 때는 말이지 라떼는 말이야 …"라는 말은 단골 멘트였다. 할아
버지뿐만이 아니다. 회사 상사 중에도 있지 않은가? "내가 젊었
을 때는 말이야"라고 한마디 하고 싶어 하는 상사 말이다. 그것도
항상 똑같은 레퍼토리의 반복이다. 지겹지 않은가. 젊은 후배에게
"내가 신입사원이었을 때는…" 같은 말이나 무용담을 말하는 사

람이 있으면 그 사람은 분명 출세하지 못했을 게 틀림없다.

대화의 방향은 그 사람이 흥미를 두는 곳으로 향한다. 옛날이야기를 많이 하는 사람은 흥미가 과거에 묶여 있는 사람이다. 사람은 자신의 가치를 다른 사람에게 인정받고 싶어 하는 욕구가 있다. 과거가 빛났던 사람 혹은 스스로도 자신의 가치를 거기까지 밖에 보지 못하는 사람은 과거 그 시절의 이야기를 하는 경향이 있다. 필시 그것은 상대방을 생각하지 않고 단순히 자기만족에 그치기 때문이다.

내 고등학교 동창 중에 공부도 잘하고 운동도 잘해서 여자들에게도 인기가 많은 친구가 있었다. 그랬던 그가 어째서인지 대학 수험에 실패했다. 그 결과 제1지망이 아니었던 대학을 졸업하고 이후 여러 직장을 전전했다고 한다. 그 친구와 오랜만에 만났는데, 내내 고교 시절 이야기만 했다. 고등학교 때 사귄 여자친구 이야기, 고교 시합에서의 본인 활약 등 자랑 나열이었지만 지금 직장에 대한 이야기를 하지 않는 것은 분명 잘 지내지 못하기 때문이리라. 과거에 의지할 수밖에 없었을지도 모른다.

가난해지는 사람은 과거 경험이나 실적에 의지하기 십상이다. 즉 모험을 싫어한다. 예를 들어 에도시대처럼 경제 환경이 자연재해라도 없는 한 변하지 않는 시대였다면 어르신, 선배, 부모의 말을 듣는 것만으로도 괜찮을지 모른다. 하지만 오늘날은 변화 속도가 다르다. 불과 얼마 전까지만 해도 기업이 생겼다가 사라지기까지의 사이클을 30년이라고 여겼지만, 지금은 10년이라고들 말한다.

이처럼 변화가 빠른 시대에 과거의 상식은 통하지 않는다. 가난해지는 사람은 과거의 경험에 연연하다 끝내는 '가난뱅이' 딱지를 달게 되는 것이다. 그렇게 되지 않도록 과거를 의심해볼 필요가 있다.

부자가 되기 위해 의심해 볼 만한 과거의 상식으로 저축을 들 수 있다. 내 주변에는 마치 부모의 유언을 지키는 것처럼 '돈을 모으는 수단은 은행뿐이다'라고 못 박은 사람이 있다.

은행에 기댄다고 해도 이자는 거의 붙지 않고 인플레이션이 진행되면 돈의 가치는 떨어지는데도 불구하고 과거에 발목 잡혀 새로운 정보를 받아들이지 않는다.

돈을 늘리기 위해서는 투자도 해야 한다. 예를 들어 '확정불입연금' 같은 아주 훌륭한 시스템이 있는데 이용하지 않는다. 부모의 말을 믿고 "투자는 위험해"라는 편견에 사로잡혀 있는 것이다. 과거의 상식 안에 있으면 안심이 될지도 모르지만, 지금의 경제 수준에서 크게 벗어나기는 힘들 것이다.

또 과거에 사로잡혀 가난의 판에 떨어지는 패턴으로 토지가 있다. 선조 대대로 내려온 토지이든, 부모가 각고의 노력으로 구입한 토지이든 토지에는 '과거의 추억'이 서려 있다. 지방에 가면 특히 '토지에 얽힌 과거의 추억'에 사로잡혀 파는 타이밍을 놓치거나 토지를 지키기 위해 생활고를 감수하는 사람이 많다.

추억을 소중히 여기는 것은 멋진 일이다. 하지만 그런 정에 연연해서 가난해지는 것을 분명 선조도 부모도 바라지 않을 것이다. 미래지향적으로 볼 때 앞으로의 자손을 위해서 어떻게 자산을 만들어 나갈지 생각하는 게 중요하다.

부자는 인구감소 흐름에 따라 앞으로 가치가 떨어지기 쉬운 지방의 토지를 팔고 도심의 토지나 주식을 산다. 자산 구성을 바꾸는 방법으로 자산을 지키며 늘린다. 부자는 과거를 미래지향으로 소생시킨다.

부자는 과거에 연연하지 않는다. 매출이 신장하는 기업의 경영자는 아무리 나이를 먹어도 장래의 일이나 앞으로의 전략을 즐겁게 이야기한다. 시대는 크게 그리고 빠르게 움직이고 있다. 새로운 것도 금방 헌 것이 된다. 과거에 연연하면 점점 가난해진다. 이런 시대에 살고 있음을 인식하고 인생설계를 해보면 어떨까.

돈은 친구가 아닌
금융권에서 빌려라

돈으로 실패했을 때의 대비를 해두세요.

사람은 누구나 실패한다. 반드시 실패한다. 우리는 인생 속에서 실로 많은 실패를 한다. 이 책을 읽고 있는 사람은 인생이 좀 더 잘 굴러가길 바랄 것이다.

"내 인생은 항상 잘 풀렸고 돈에 쪼들린 적도 없다. 심심풀이로 이 책을 읽는 것이다"라고 말하는 사람은 없을 것이다. 당신은 분명 "가난은 싫고 부자가 되고 싶다"라는 바람으로 이 책을 읽고 있을 것이다.

부자를 지향해서 나가면 아무래도 도중에 생각지도 못하게 넘어져서 실패하는 일이 있다. 어떻게 넘어지느냐에 따라 때로는 일어설 수 없을 정도의 실패가 될 수도 있다. 혹은 자신이 직접적인 원인이 아니어도 휘말려서 재산 대부분을 잃어버리는 상황을 맞을 수도 있다.

부자를 지향하는 도중에 넘어진다. 실패했을 때 어떻게 하면 좋을까? 여기에 가난의 바닥으로 향할지, 부자의 길에 오를지가 나뉘는 포인트가 있다.

내 경우에는 보증인이라는 형태로 그 실패가 찾아왔다. 직접적인 원인이 내게는 없다고 해도, 넘어져 버린 것은 나다. 30억 원의 빚을 처리하지 않으면 안 된다. 몇몇 은행에서 권유받은 것은 개인파산이었다_{그렇다고 해도 대놓고 말하지는 않고 아무렇지 않게 권한다}. 어째서 은행은 개인파산을 권했을까. 은행 입장에서는 사고 처리가 원활해지기 때문이다. 보증인도 개인파산 하면 그 이상 돈이 나가지 않으므로 은행 내의 절차가 원활하게 이루어지기 때문이다. 은행은 편해지지만, 이쪽은 개인파산 하면 부자의 길이 상당히 좁아진다. 개인파산자에게는 다른 금융기관도 돈을 빌려주지 않기 때문이다.

이를 원활하게 벗어나서 다음 인생을 원활하게 살아나가기 위해 나는 세 가지 방침을 세웠다.

- 개인파산 하지 않는다.
- 지불할 수 있는 예산 범위 내에서 처리하고, 생활비로 3,000만 원의 저축은 인정받는다.
- 친구, 가족, 친척에게 돈을 빌리지 않는다.

이 세 가지 방침에 따라 강하게 교섭했다. 교섭했을 뿐만 아니라 동시에 도약할 수 있도록 부동산 투자 공부도 시작했다.

결과적으로 개인파산 하지 않았기 때문에 회사원으로서의 신용을 잃지 않은 채 3,000만 원의 자금을 활용해서 부동산 투자에 성공했다. 게다가 친한 사람들에게 돈을 빌려 폐를 끼치지 않았기 때문에 반대로 주변 사람의 신용을 쌓을 수 있었다. 실은 빚의 감액을 교섭한 몇몇 은행은 교섭했을 때의 내 태도가 좋았던지 지금도 "무슨 일이 있으면 협력하겠습니다"라는 말을 한다. 그 정도로 좋은 관계를 구축할 수 있었다. 은행 담당자 몇 명은 은행 내 시스템이나 교섭 방법을 알려주며 도움을 주었다.

부동산 투자를 위해 은행과 교섭할 때에는 그때의 경험이 많은 도움이 되었다. 아니, 그 경험이 있었기 때문에 적은 자기자본으로 당당하게 융자 교섭이 가능했다고 생각한다. 핀치는 바로 찬스다. 핀치를 살리지 못했다면 나는 가난에 짓눌린 채로 아무것도 할 수 없는 회사원을 계속하고 있을 게 틀림없다.

내 주변에도 빚으로 실패한 사람이 있다. 그곳에서 다시 일어서지 못한 사람과 그곳에서 다시 일어선 사람을 나누는 것은 무엇일까? 다시 일어선 사람은 가족이나 친구에게 폐를 끼치지 않았고, 다시 일어설 만큼의 밑천_{사업이나 투자하는 돈} 을 보유했다는 공통점이 있다.

돈으로 실패했을 때 주변에 돈을 빌려 폐를 끼친 사람은 두 번 다시 일어나지 못한다. 신용을 되찾지 못한다. 은행은 서로 이야기만 잘하면 허용해 주는데, 친구나 지인은 변제를 운운하기보다 감정적으로 허용하지 않는다. 가난은 돈이 없는 것뿐이지만_{이것도 괴로울 테지만}, 빈곤은 돈도 없고, 도와준 사람도, 도와줄 사람도 없는 상태다_{빈곤은 사회적 문제여서 가볍게 논해서는 안 된다. 빈곤은 사회적 원조가 필요한 문제다}.

사업에서도 투자에서도 다시 일어서려면 얼마의 밑천_{자산} 이 있으면 실패해도 경험으로 삼아 다시 부자의 길을 시작할 수 있다. 그리고 회사원에게 있어서 중요한 일은 무턱대고 회사를 그만두지 않는 것이다. 회사원이라는 신분은 금융권에서 큰 신용이 된다.

부자를 지향한다면 그 도중에 실패가 있다. 넘어졌을 때 다시 일어서서 앞으로 나아가기 위해 대비한다는 각오가 있으면 안심하고 부자의 길을 걸을 수 있지 않을까.

04

보고 끝내지 말고
큰 그림을 그려라

우선 행동해보자.

'그림의 떡'이라는 속담이 있다. 이는 그림에 그려진 떡은 먹을 수 없으므로 도움이 되지 않음을 뜻한다. 하지만 인터넷 시대에는 이 '그림의 떡' 중에도 훌륭하거나 멋있는 그림이라면 돈이 될지도 모른다. 이전까지는 "뭐야, 이게?"라고 했던 작품이라도 인터넷이 발달한 오늘날에는 돈이 될 가능성이 있다. 문자 그대로 '그림의 떡'으로 훌륭한 저녁 식사를 할 수 있는 시대인 것이다.

속담이 생긴 시대에도 현대에도 실패하는 사람, 가난해지는 사람은 사고방식이 비슷하다. 사람들이 한 말이나 행동에 대해 "그거 참 그림의 떡이군" 하고 의기양양하게 말한다. 이른바 인텔리 가난뱅이다. 인텔리라고 하면 퀴즈 방송을 보는 정도 수준의 지식을 가리킬 것 같지만, 애초에 인텔리는 지식이 있는 고학력의 사람을 가리키는 말이다.

다시 이야기로 돌아가서 이 인텔리 가난뱅이, 좋은 학교를 나와서 다양한 지식이 있지만, 그에 비해 회사에서 그다지 출세하지 못하고 돈을 많이 소유하고 있지도 않다. 하지만 하는 말을 들어보면 내용이 훌륭하다. 이런 유형의 인텔리 가난뱅이가 주변이나 회사에도 한두 명 있지 않은가?

인텔리 가난뱅이는 어쨌든 분석이나 비평을 설파하지만, 실행력이 없다. 돈에 대해서도 주식이나 경제에 대해서도 다양하게 말하지만, 본인은 특별히 아무것도 하지 않기 때문에 서서히 가난해지는 유형이다.

그림을 보고 의견을 말할 뿐 자신은 그림을 그리지 않는다. 취미 세계에서는 회화 감상을 정말 대단하게 여겨서 그런 취미를 가진 사람을 '지적이다'라고 생각하지만, 돈의 세계에서 '돈 감상' 따위는 상당한 부자 정도가 아니면 하지 않는다. **돈을 불리려면 직접 행동해서 수익을 창출하지 않으면 안 된다.**

누구나 이 인텔리 가난뱅이의 늪에 빠질 위험이 있다. 돈을 벌고 싶지만 실제로 무언가를 하는 것은 두렵다. 지식이 늘어날수록 무엇을 하면 좋을지 모르겠다. '그림의 떡'이라도 오늘날은 팔린다고 했다. 인터넷 세계에는 정말 다양한 물건이 팔리고 있다. "이런 것도 사는 사람이 있어?!" 하고 놀랄 정도로 광대한 인터넷 세계에는 이런 것을 원하는 사람이 있다. 집에 있을 필요 없는 물건을 팔아도 될지 모른다.

"팔 만한 물건이 없다"라고 말하는 사람은 자신의 체험이나 지식을 정리해서 팔아도 괜찮다. 이렇게 말하면 곧바로 "그런 게 돈벌이가 될 리 없다"라고 말하는 사람이 있다. 그런 생각 때문에 '그림의 떡'이 될 수밖에 없다.

나의 지인 Y는 현재 인터넷광고 회사의 사장으로 직원 30명을 고용하고, 자신은 국내뿐 아니라 세계를 돌아다니고 있다. 하지만 Y가 다니던 회사를 그만둔 당시에는 부인이 버는 수입에 의존하는 나날이었다. 본인은 인터넷에 있는 정보를 정리해서 팔거나 값싸게 사들인 물건을 판매했지만, 당시에는 근소한 매출밖에 없었다.

하지만 그런 일을 계속하는 동안 어느새 인터넷으로 돈 버는 요령이 생겼고, 노다지판을 발견해 점점 매출을 올렸다. 그의 회사가 점점 커지는 모습을 가까이서 지켜보았는데 돈이 될 노다지판을 발견하면 눈 깜빡할 사이에 큰돈을 벌어들였다.

이런 말을 하면 "너무 황당한 말이다"라고 반론할지도 모르지만, Y는 어쨌든 그림을 그렸다. 그렇게 잘 그리지 않아도 돈을 그렸기 때문에 지금의 성공이 있는 것이다. 그 당시에 인터넷에서 무언가를 하면 돈을 벌 수 있다는 것을 알았어도 실제로 했던 사람은 내 주변에 거의 없다. 하지만 Y는 다양한 각도에서 인터넷으로 돈 버는 데 도전했고 그중에서 누구도 손대지 않은 노다지판을 발견한 것이다.

부자가 되려면 정보를 보고 인풋만 해서는 안 된다. 반드시 아웃풋 해서 형상화해야 한다. 주식을 해보고 싶다면 소액이라도 좋으니까 사보자. 부동산을 하고 싶다면 공부해서 상담받고 은행에 융자 신청을 내보자. 은행의 엄격한 심사를 받는다면 가령 통과하지 못하더라도 그 경험은 당신이 부자가 되는 과정에서 중요한 재산이 될 것이다.

우선 그림을 그려보자. 무엇이든 아웃풋 해서 형상화하지 않으면 돈이 되지 않는다. 바라만 보고 이러쿵저러쿵 말하는 것은 취미 세계로 충분하다. 부자의 길에서는 '보고 끝내는 것'이 아니다.

부자란 한정된 시간 내에
확실하게 부를 쌓은 승자다

인생의 시간은 한정되어 있다는 것을 항상 염두에 두세요.

마작이라는 게임을 알고 있는가? 이전에는 돈을 걸고 하는 도
박이라는 인상이 강했지만, 최근에는 게임으로서의 재미는 물론
사람과 사람의 심리 싸움 측면이 강해서 업무나 인생에도 일맥상
통하는 면이 있다며 젊은 사람이나 경영자 사이에서 주목받고 있
다. 나도 학창 시절에 꽤 즐겨 했었다.

마작은 4명이 판을 짜서 점수를 겨룬다. 역役이라는 점수가 나

는 패가 있고, 점수를 낸 한 사람에게 1점을 주거나 나머지 세 명에게서 점수를 받는다. 이 역이 좋을수록 점수가 높아지기 때문에 누구나 가능한 한 좋은 역으로 나려고 한다.

게임이 시작하면 테이블 중앙에 놓인 파이_{트럼프로 말하면 카드}를 4명이 순서대로 가져가고 손에 든 13장의 파이를 차례로 변화시켜 역을 만든다. 좋은 역을 만들려면 시간이 걸린다. 이 역을 만들어내는 사고법에서 강한 사람과 약한 사람의 차이가 드러난다.

마작은 한정된 파이를 두고 하는 승부다. 사실 여기서 '한정된'이 핵심이다. 마작을 잘하는 사람은 이 '한정'을 잘 알고 있어서 나머지 3명과의 점수 차이를 생각하고, 점수가 나는 역을 결정하는 데 약한 사람은 항상 점수가 높은 역에 연연해서 패배한다. 물론 마작을 잘하는지 여부에는 몇몇 다른 복잡한 요소도 있을 테지만, 마작을 못하는 사람들의 공통점은 한정된 파이 중에서 승부를 낸다는 인식이 약하다는 것이다.

마작이 한정된 파이 안에서 가능한 한 빨리 높은 역을 만드는 승부인 것처럼, 돈에 대해서는 <u>인생이라는 '한정된 시간' 안에서 가능한 한 빨리 확실하게 자산을 만드는 승부다.</u> 좀처럼 부자가 되지 못하는 사람은 '시간이 한정되어 있다'는 자각이 부족한 듯하다.

"나중에 두고 봐. 나도 하면 할 수 있어"라고 말하지만, 그 '나중에'는 언제까지나 오지 않는다. 과거의 나도 마작에서 언제까지나 높은 역을 계속 좇는 것처럼 인생은 언제까지나 계속될 것이라 착각했다. 하지만 형네 회사의 도산을 겪으며 깨달았다. '시간에는 한정이 있음'을 말이다.

자산을 쌓고 빠르게 은퇴하고 싶은 게 내 꿈이었다. 하지만 현실은 그저 회사원이었다. 그런데도 언젠가 자산을 축적할 거라고 만사태평하게 생각했다. 보증인으로서 많은 금융기관과 접해보았을 때, 자산을 쌓을 기회가 단절되고 가난의 바닥을 구를 뿐이라고 생각했을 때, 내가 역전을 기약하며 노트에 기록한 것은 내가 실패하기까지 남겨진 시간과 쓸 수 있는 근소한 돈이었다. 교섭기한으로 금융기관이 내게 제시한 것은 불과 반년이었다. 금융기관은 내게 개인파산을 권했다. 이때 깨달은 바가 있다. 내게 남겨진 반년이라는 시간은 사실 금융기관에 남겨진 시간과도 같다는 것을 말이다.

이후로는 마작과 똑같다. 한정된 파이를 두고 하는 승부. 하지만 이번에는 한 사람이 5명5개의 금융기관을 상대하지 않으면 안 된다. 게다가 상대는 모두 돈의 전문가다. 나는 교섭 전에 항상 스스로 다짐했다.

"상대는 금융 전문가라고 해도 회사원이다. 절대로 터무니없는 수는 쓰지 않는다."

이쪽은 패배하면 가족도 휩쓸려버리기 때문에 필사적이었다. 제출하는 자료의 토시 하나에도 주의를 기울이며 신경 써서 교섭했다. 한정된 시간이었기 때문에 더욱 집중했다. 그 결과, 빚을 크게 줄여서 해결할 수 있었다. 만약 금융기관이 말하는 대로 했다면 집을 뺏기고, 나는 개인파산 해서 간신히 입에 풀칠하며 사는 상태가 되었을지도 모른다.

그렇게 급격하게 가난해지는 것은 면했다. 하지만 이대로는 서서히 가난의 바닥으로 내려갈 뿐이다. 이번에는 인생의 한정된 시간 내에서 자산을 만들기로 결심했다. 서둘러 손을 써서 편의점 알바를 할까도 생각했지만, 그 방법으로는 아무리 노력해도 큰 자산을 모을 수는 없다. FX나 데이터 분석가가 되어 한방에 역전해 부자가 되는 방법도 생각했지만, 회사를 그만둘 수 없는 상황에서 시간을 투자해 공부할 수도 없었고, 그런 식으로 겨우 직업을 바꾼다 해도 수백억, 수천억을 투자하는 프로들을 상대로는 성공하기 어렵다고 판단했다.

결과적으로 '한정된 시간과 회사원이라는 신용'을 조합해서 부동산 투자라는 형태로 자산을 축적하게 되었다. 이후 그 이익으로 주식을 사서 그 방법으로도 자산을 축적할 수 있었다.

시간은 한정되어 있다. 이를 의식하는 것이 중요하다. 한정된 시간 안에서 확실하게 높은 수입을 올리는 최대의 방법을 시도해 보기 바란다.

돈에 대해서는
가까울수록 믿지 마라

신뢰와 신용을 혼동하지 않도록 주의하세요.

한 경영자는 중학생 시절에, 근처에 사는 지인에게 가서 7만 원을 가져다주라는 아버지의 심부름을 했다고 한다. 아버지에게 돈을 건네받고 무심코 세어보니 만 원짜리 지폐 1장이 부족했다고 한다. "어? 만 원이 부족해요"라고 말하자, 그의 아버지가 곧바로 "그렇지. 돈은 가족이라도 신용하지 마라"라고 말하며 숨겨둔 만 원짜리 한 장을 꺼내줬다고 한다.

듣자 하니 그의 아버지가 젊었을 때 손님이 준 돈을 그대로 경리에게 건네주었는데 나중에 돈이 부족하다는 연락을 받고, 결과적으로 부족한 돈을 물어내야 했다고 한다.

"내게 맡겼을 때 혹은 건네줄 때 확인했어야 했다."

'어떤 상대라도 돈이 얽히면 신용해서는 안 된다'고 그의 아버지는 마음에 새겼다고 한다.

돈에 대해서는 가족이라도 신용하지 마라.

가족도 신용하지 않는다니 씁쓸하다고 생각할 수도 있다. 하지만 가정에서 일어나는 돈과 관련된 문제는 주로 이 신용 때문에 발생한다.

내 가족은 정말로 사이좋은 가족이었다. 자주 웃고, 대화가 끊이지 않는 가족이었는데 형의 사업이 기울면서 달라졌다. 아버지와 어머니가 빚보증인이 되고, 나도 형의 빚 일부를 보증하게 되었기 때문이다.

가족이기 때문에 신용할 수 있다. 그렇다고 해도 지금 생각하면 형의 회사 상황을 모르고 보증인으로 나선 것은 무책임했다. 지금은 친할수록 돈 관련해서는 내용을 서로 확인하는 게 예의라고 생각한다. '친한 사이라도 예의 있게'라는 정신 말이다.

현재 은행은 원칙상 보증인에 의지하지 않고 돈을 빌려주고 있는데, 그래도 직접 신청서를 내는 형식으로 교묘하게 보증인을 만든다. 일본인답게 가족의 강한 연대, 거절하지 못하는 성격을 교묘하게 이용한 제도다. 보증인제도와 무서울 정도로 닮은 것이 이른바 '나야 나 보이스피싱 사기'다. 둘 다 가족의 화목함을 이용한 것이다_{이쪽은 범죄이므로 큰 차이가 있지만}.

나도 보증인이 됐을 때는 은행관계자에게서도 형에게서도 내용을 전혀 듣지 못한 채 은행에서 "여기에 인감을 찍고 서명하면 됩니다. 그러면 형의 회사에 융자가 가능합니다"라고 말하자, 무턱대고 도장을 찍는 바람에 큰코다쳤다. 두말할 필요 없겠지만 사회에서의 이런 행동은 더욱 조심해야 한다. 돈에 관한 일은 제대로 내용을 확인하고, 즉각 신용하지 않는 것이 중요하다.

나는 많은 디자이너와 일할 기회가 종종 있다. 인기 직업이다 보니 일이 들어오지 않아서 디자인 일을 그만둔 사람도 많은 게 현실이다. 한편 일이 늘어나 직원까지 고용하는 사람도 있다.

그 차이는 물론 재능의 차이도 있지만, 사실은 돈의 문제가 크다. 실패하는 유형의 디자이너는 일을 받았을 때 작업비용에 대해 모호하게 한다.

"끝나고 나서 정하죠" 같은 식으로 불분명하게 일을 받으면 작업이 끝난 뒤에 돈이 많네, 적네 옥신각신하게 되고 그중에는 발주자가 "이번에는 이 정도만 줄게요. 다음에 많이 줄게요" 하고 구슬려서 결국은 먹고살지 못하게 되어 일을 그만둘 수밖에 없는 사람도 많다.

한편 성공하는 디자이너는 작업비용에 대해서 확실하게 한 후에 일을 시작한다. 그런 편이 최종적으로 오랜 신뢰관계를 쌓을 수 있음을 알기 때문이다. 신뢰하기 때문에 일을 받는 것이겠지만, 돈에 대해서는 너무 신용하지 않음으로써 금전적인 손해나 스트레스를 받지 않는 것이다.

신뢰하더라도 신용은 하지 않는다. 이는 경영의 기본이라고 알려져 있다. 직원에게 일을 맡길 때 신뢰해서 맡겨도 전적으로 떠맡기지는 않는다. 최악의 사태를 생각해서 손을 써두지 않으면 안 된다.

이나모리 가즈오는 회사의 경리를 '신뢰하되 신용하지 않는 것'이 중요하다고 그의 저서에 서술한 바 있다. 돈을 다루는 직업에 종사하는 사람이 횡령 같은 범죄를 저지르는 것은 경영자가 그 직원을 너무 신용했기 때문이라는 것이다. 즉 전적인 신용은 직원을 범죄자로 만들어버릴 위험이 있다는 의미다.

돈에 대해서는 가족도 신용하지 말라는 말은 가족을 의심하라는 뜻이 아니라 오래 좋은 관계를 쌓기 위해서는 그럴 필요가 있다는 뜻이다.

07

다양한 분야의 정보를 정리해
돈으로 연결 짓는다

소문, 인터넷 정보를 머릿속에만 쌓아두지 마세요.

TV에서는 별로 알려지지 않은 것을 가르쳐주는 퀴즈 프로그램이 많이 방송된다. 규슈의 숨은 가정식 라멘 가게나 깊은 산속에 있는 빵 가게를 방문하는 정보 프로그램도 그렇다. 사람은 자신이 모르는 것을 알면 쾌감을 느낀다. 인터넷은 사람의 알고자 하는 욕구를 곧바로 채워준다. 마치 하늘의 별처럼 아니, 아마도 하늘의 별보다 더 많은 정보가 넘쳐난다.

당신 주변에도 있지 않은가? 정치, 경제부터 예능, 직장이나 친구의 소문까지 무언가를 소상히 알고 있는 사람 말이다. 얼핏 머리가 좋아 보이지만 어째서인지 일은 못하고 돈과도 연이 없는 유형의 사람이다.

나의 지인 O도 그런 유형의 사람이었다. 정치 이야기를 하면 마치 평론가처럼 분석하고, 아이돌, 여배우, 아나운서에도 정통했다. 공통의 지인에 대한 소문도 정말 소상하게 알고 있었다. 냉정하게 말하는 어조와 법무사라는 직업 때문에 어쩐지 착실해서 의지가 될 것 같았다.

그래서 어떤 모임의 총괄을 O에게 맡겼다. 그리고 실상을 알게 되었다. 그는 총괄일을 제대로 하지 못했다. 실제로는 할 수 없는 사람이었다. 다른 사람에게 일을 시키고 나서 평론가처럼 다른 사람이 한 일을 비평할 뿐이었다. 모임 다른 멤버로부터 불만이 쏟아졌다. O도 그런 분위기를 감지했던지 도중에 모임을 나오지 않았다.

나중에 들어보니 지금은 자신의 사무소도 접고 다른 사무소에 소속된 법무사로 일하고 있다고 한다. 많은 법무사가 사업을 확장하고 있는데, 어째서 머릿속에 많은 정보를 가진 그가 시대 흐름을 읽지 못했던 것일까? 나는 그의 머릿속에 가난해지는 사람의 특징이 드러난다고 생각한다.

머릿속은 하나의 책장이다. 가난해지는 사람의 머릿속 책장은 어떤 상태일까? 아마도 인터넷 정보나 친구의 소문이 어수선하게 놓여 있고, 정리되지 않은 상태가 아닐까.

마치 A4용지에 인쇄된 정보가 여기저기 흩어져 있는 듯한 모습이어서 어디에 무엇이 있는지 모른다. 게다가 SNS를 하는 동안 소문과 정보가 쌓이고, 나아가 수집으로 이어질지도 모른다. 방이나 책상 위라면 흩어진 상태에 신경이 쓰일지도 모른다.

하지만 머릿속은 눈에 보이지 않는다. 흩어져 있는 정보로 머릿속이 꽉 찼다고 해도 알아차리지 못한다. 지인이었던 O의 머릿속도 마찬가지였으리라.

정보는 힘이다. 부자와 가난뱅이의 차이는 정보량에 있다고 하는 사람도 있다. 하지만 그 정보가 돈에 직결되는지가 중요하다. 친구의 소문, 검색하면 알 수 있는 예능 정보 따위 아무리 엄청난 양이라도 힘이 될 수 없다. 즉 돈에 직결되지 않는다.

한편 성공하는 사람, 부자의 머릿속 책장은 어떤 상태일까? 참고로 할만한 것은 전 수상인 다나카 가쿠에이田中角榮의 이야기다. 컴퓨터를 단 불도저라는 별명대로 대담한 정책을 실행한 다나카 가쿠에이가 골프를 시작했을 때의 일이다. 비서에게 "골프 책을 한가득 사 오게"라고 명령했고, 전부 읽고 나자마자 처음 골프를 쳤는데 훌륭한 점수를 기록했다고 한다.

여기에 부자와 가난뱅이의 차이를 알 수 있는 포인트가 있다. 즉 정보를 머릿속에 넣었을 때 체계를 세웠는지 여부다. 취미여도 좋고 업무여도 좋다. 어떤 분야로 좁혀서 정리된 지식이 풍부한 사람은 돈과 연결 되기 쉽다.

특정한 분야에 대해서 확실하게 생각을 정리하고, 그런 분야를 만드는 것에 집중하여 정보를 수집해야 한다. 인터넷 서핑으로 아무리 많은 정보를 수집해도 특별한 경우가 아니고선 돈과 연결 되지 않을 것이다. 그저 정보가 너무 많은 것은 당신의 머리와 마음을 혼란스럽게 만들 뿐이다.

앞에서 언급한 다나카 가쿠에이의 머릿속에는 골프만 있는 것이 아니다. 다양한 분야의 정보가 체계를 세워서 머릿속에 있었기 때문에 성공할 수 있었으리라.

한번 자신의 머릿속 책장을 상상해보자. SNS나 인터넷 검색, TV에서 알게 된 정보로 가득하지 않은가? 만약 그렇다면 한번 탄탄한 분야에 대해 정리된 정보를 나열해보자. 이 책을 읽는 사람이라면 돈에 대한 것을 의식하면서 머릿속 책장을 한번 정리해보고 강화해보면 좋겠다.

판단을 내리는 것도
책임을 지는 것도 나 자신이다

인생도 돈도 타인의 판단이 아닌, 스스로 책임을 지고 컨트롤하세요.

성실함이 무엇일지 뚜렷하게 정의를 내리기는 어렵다. 하지만 유감스럽게도 노후를 맞았을 때 자신의 수중에 '돈이 없음'을 깨닫는 사람 중에는 성실한 유형이 많은 듯하다. 정년에 가까운 사람뿐만이 아니다. 30대, 40대 회사원 중에도 성실하게 일하는데 수중에 돈이 없고 모아둔 자산도 없다고 말하는 사람이 적지 않다. 성실하게 사는데도 어째서 돈이 모이지 않는 것일까.

'성실함'과 '돈'의 관계를 생각할 때 떠오르는 것이 친구 K다. 대학 동기인 K는 아주 성실했다. 수업도 빠지지 않았고 노트 필기도 착실히 했다. 하지만 막상 시험을 보면 어째서인지 그의 노트를 복사한 친구보다도 성적이 안 좋았다. 요령이 없었는지도 모르겠다. 수년 전 동창회에서 K를 만났는데, 그는 이직도 하지 않고 첫 직장에서 꾸준히 일하고 있었지만 벌써 노후 자금 걱정 중이었다.

로버트 기요사키Robert Toru Kiyosaki 의《부자 아빠 가난한 아빠Rich Dad Poor Dad》를 예로 들 필요도 없이 성실함만으로는 아무래도 부자가 되기는 어렵다. 아니 오히려 가난의 길로 빠지기 십상이다.

"왜 성실하면 안 되는 건가요?"하고 의아해할지도 모르겠다. 하지만 나는 성실한 사람 중에서도 '선생님이 하는 말을 고분고분하게 듣는' 사람은 특히 주의해야 한다고 생각한다.

"선생님 말씀 잘 들어라!" 이는 보육원, 유치원, 초등학교에서 부모나 교사가 주입해온 말이다. 성실한 사람일수록 그 말을 잘 듣지 않았을까?

"선생님이 하는 말을 듣는 게 뭐가 나쁘지?"라고 반문할 수 있는데, 어른이 되었다는 것은 자립했다는 의미다. 교사가 하는 말을 들으면 안 된다는 말이 아니다. 교사의 의견에 무조건 따르는 것이 아니라 어디까지나 참고 정도만 하라는 말이다.

내가 형네 회사 도산으로 떠안게 된 보증인 문제를 혼자서 해결하고 있을 때 이른바 '선생님'으로 불리는 변호사나 세무사 몇 명에게 상담을 받았다. 전부 '개인파산'이라는 선택지를 권했다. 은행과의 교섭을 대신해 달라는 부탁을 할 정도의 돈도 없었기 때문에 어쩔 수 없었을지도 모른다.

내가 학창 시절부터 교사의 말을 성실하게 듣던 유형이었다면 필시 권한 대로 '개인파산'을 선택했으리라. 그 후 개인파산으로 인한 이혼, 퇴직 같은 인생을 보냈을지도 모른다. 돈의 세계에는 상대가 말한 대로 특히 그 길의 전문가의 의견을 전부 곧이곧대로 받아들이면 소위 '호구'가 되고 만다.

부동산의 세계에는 선생님이 차고 넘친다. "이 물건을 사면 벌 수 있어요" "지금은 금리가 낮으니까 많이 빌리면 좋아요" 등의 말에 따라 명문대를 나온 대기업 엘리트, 의사 등 고소득자가 결국 빚을 갚지 못해 개인파산을 하는 사례가 늘고 있다. 사정을 들어보면 개인파산한 쪽도 그 부동산 물건을 보지도 않고 말만 듣고 샀다고 한다. 이런 고학력 엘리트는 고분고분한 사람이 많다. 분명 순수하게 세미나 같은 데에서 자신을 '선생'이라고 소개하는 사람의 의견을 믿어버렸을 것이다.

세상의 어떤 일이든 마지막에 결단을 내리는 것은 자신이다. 당연히 책임을 지는 것도 자신이다. 사회는 학교가 아니다. 타인의 말을 순순히 믿으면 안 된다. 다른 각도에서도 그 말을 검토해 보아야 한다. 세상에서 살아남기 위해서는 반드시 '또 하나의 눈'

<u>을 가지는 것이 중요하다.</u>

앞에서 성실한 사람이 사기를 당하는 이야기를 언급했다. 내가 이런 예시를 들면 성실한 사람은 '역시 투자는 무섭다. 투자는 그만두자'라고 생각하기 십상이다. 이것도 잘못됐다. 적어도 이 책을 읽는 사람은 부자가 되길 바라고 있을 것이다. 알뜰살뜰 저축만 해서는 부자의 반열에 도달하기 어렵다. 반드시 투자라는 승부수를 던지지 않으면 안 된다.

프랑스 경제학자 토마 피케티 Thomas Piketty 는 저서 《21세기 자본 Capital in the Twenty-First Century》으로 세상에 충격을 안겼다. 책에 적힌 내용은 "임금노동은 투자에 의한 이익 증대를 이길 수 없다"라는 증명이었다. 착실히 일해서 번 돈으로는 부자가 투자해서 늘려가는 액수를 따라가지 못한다는 것이다. 이 책은 불평등의 확대에 초점을 맞추었지만 다른 관점에서 보면 투자를 하지 않으면 부자가 되지 못한다는 말이다.

'알뜰살뜰 저축하다' 같은 부모나 세간의 상식에 성실히 따르는 습관에서 벗어나야 부자가 되는 오르막에 오를 수 있다. 하지만 벗어날지 여부는 선생이나 부모가 아닌 당신의 판단이다.

'미래의 가난'에 민감할수록
부자의 길에 가까워진다

가난에 민감해지세요.

프롤로그에서 '가난은 생활습관 질병'이라고 말한 바 있다. 가난은 평소 생활습관이 방아쇠가 된다는 점을 알리는 게 이 책을 집필하게 된 계기다. 이런 생각에 이른 것은 내가 식사습관 같은 생활습관이 원인이 되어 입원하여 수술을 받은 시기와 가족의 금전문제로 고민하던 시기가 마침 같았고, 또 그때 "가난과 생활습관 질병은 닮았다"라고 느낀 것이 계기였다.

내가 걸린 질병은 의사에게 수술을 받았고 친절한 간호사의 도움으로 나았다. 그러나 돈이 없는 질병은 스스로 수술하지 않으면 안 된다. 상당한 시간이 걸리고 상당한 출혈 돈이 나감로 그야말로 빈사의 상태였는데 어쨌든 살아났다.

형네 회사 도산이 직접적인 계기라고 해도 나 자신 또한 가난을 불러일으키는 생활을 했던 것도 사실이다. 돈이 있으면 있는 족족 썼다. 돈이 부족해지면 신용카드 현금서비스를 받았다.

지금 생각하면 돈의 신에게 버림받아도 싸다. 그런 생활에 어느새 익숙해져 버린 나는 그야말로 가난이라는 생활습관 질병에 좀먹혔다. 쇼크 마법으로 나았지만, 그때를 돌이켜보면 "가난에 둔감했다"라고 표현할 수 있다.

회사원이라면 아무리 돈이 없어도 매달 어느 정도 정해진 금액이 입금되기 때문에 좀처럼 자신이 '가난한' 상황이라는 것을 깨닫지 못하는 게 사실이다. 매일 맛있는 음식을 먹을 수 있고 놀 수도 있다. 하지만 어딘가에는 돈에 대한 불안이 있을 것이다.

"이 정도 저축으로 괜찮을까?"

나는 이러한 상태를 '잠재된 가난' 혹은 '가난 보균자'라고 부른다. 잠재된 가난은 큰 병에 걸렸을 때, 사고가 났을 때, 구조조정을 당했을 때, 퇴직했을 때 만족할 만한 생활을 보내지 못하는 사람이다. 가난해지는 사람은 자신이 잠재된 가난이라는 점을 모르고, 무엇보다도 돈이 없는 공포를 모르는 것이다. 그야말로 가난에 둔감하다고 할 수 있다.

한편 부자는 어떠한가? 한마디로 부자라고 했지만 다양한 유형이 있다. 회사를 만들어 상장시켜 부자가 된 사람, 주식으로 성공한 사람, 부동산 투자로 성공한 사람 등 다양하다.

그중에서 직접 회사를 만들어 성공한 경영자들에게 이야기를 들어보니 그 대다수가 "어렸을 때는 가난했다"라고 말했다. "가난은 싫다"라는 생각이 성공의 출발점인 듯했다. 보통의 회사원이었다가 투자로 자산을 구축한 사람에게 이야기를 들어보니 그 대다수가 장래의 불안에서 출발했다. 앞으로 돈이 없어진다는 데 대한 불안을 말했다. 실제로 가난을 경험하고 그곳으로부터 기어오른 사람, 아직 경험하지 않은 '미래의 가난'에 민감하게 반응한 사람이 부자의 길을 걷기 시작한 것이다.

"이대로 괜찮을까?"

이런 마음의 목소리가 출발점이다. 하지만 그 불안을 월급, 성과급으로 지워 없앴다.

"쓸데없는 일은 하지 마. 위험해. 지금 이대로 괜찮아."

'현상 유지 편향'이라는 말을 들어보았는가? 이는 크게 현재 상황이 바뀌지 않는 한 현재 상황 그대로 있기를 바라는 심리다. 대부분의 사람은 마음속에 이 현상 유지 편향이 작용한다. 새로운 일을 시작해서 스트레스 받는 것을 싫어한다.

내가 아파트 경영을 시작할 때 은행 담당자에게서 회사원 중에 융자를 받으러 오는 사람은 연봉이 낮아서 융자가 어려운 사람이든지 퇴직을 앞둔 사람이 많다는 말을 들었다. 나처럼 중견인 사람은 별로 오지 않는다고 했다. 퇴직까지는 여유가 있고 신입사원보다 돈에 여유가 있다. 그런 중견인 사람은 현상 유지 편향이 강하게 작용해서 일부러 새로운 일에 도전하지 않는 것이다.

회사원도 10년이 지나면 생활도 안정되므로 자신이 '잠재된 가난'이라고 깨닫기 어렵다. 즉 가난에 둔감해지는 것이다. 퇴직이 점점 다가오고 나서야 허둥대며 어떻게든 하려고 하지만 이미 때는 늦어버린 게 현실이다.

당신은 죽을 때까지 여유 있는 생활을 할 수 있는가? 만약 그렇지 않다면 당신은 '잠재된 가난'. 즉 '가난 보균자'일지도 모른다. 부자로 가는 길의 첫걸음은 그것을 깨닫는 것이다. 가난에 민감하게 반응하고 올바르게 대응하는 사람만이 부자가 된다.

지폐마다 누구의 초상화가 있는지
3초 안에 말할 수 있다

돈의 외모에도 성격에도 흥미를 가지고 좋아해 보세요.

돈이 좋다고 사람들 앞에서 말하는 것은 부끄럽다. 어쩐지 탐욕스러워 보이고 어쩐지 꼴불견 같다. 하지만 대부분 사람이 돈을 좋아할 것이다. 하지만 돈을 좋아한다는 것을 숨긴다.

당신은 돈을 좋아하는가?

좋아한다고 답하는 당신에게 질문하겠다. 5,000원 지폐, 만 원 지폐, 5만 원 지폐에 그려진 초상화는 각각 누구인가? 이 시점에서 모른다고 말하는 사람이 많다. 그러면 만 원의 뒤에는 무엇이 그려져 있을까? 여기까지 답할 수 있는 사람은 돈에 관심이 많은 것이다.

답하지 못한 사람은 돈에 무관심하다고밖에 말할 수 없다. '좋다'의 반대는 '싫다'가 아닌 '무관심'이다. 돈이 좋다고 말하면서 지폐에 그려진 사람을 모르는 것은 돈을 아주 좋아한다고 볼 수 없다.

이런 말을 하면 "아니, 나는 지폐가 좋은 게 아니라 돈이 가진 힘을 좋아한다"라고 반론하는 사람이 있다. 그런 사람을 보면 "나는 외모보다 성격이 좋은 사람과 사귀고 싶어"라고 입버릇처럼 말하던 고등학교 동창이 생각난다. 내면이 중요하다고 말하면서 자기 자신은 그다지 매력적인 성격도 아니었고 유머도 없다. 외모도 신경 쓰지 않고 말주변이 좋지도 않았다. 그래서 여자친구는커녕 주변에 이성 친구도 없었다. 즉 여성에게 호감을 얻기 위한 노력을 조금도 하지 않으면서 여성에게만 조건을 바란 것이다.

가난해지는 사람도 이 친구와 마찬가지다. 돈을 바라면서 돈의 외모도 돈이 지닌 성격도 알려 하지 않는다. 그러면 당신이 좋아하는 돈은 당신에게 다가오지 않는다. 정말로 돈이 좋다면 외모는 물론 돈이 지닌 성격에 대해 좀 더 공부해서 어떻게 하면 호감을 얻을지 생각해야 할 것이다.

가난해지는 사람은 사실 돈을 미워하고 있을지도 모른다. 돈을 정말로 좋아하는가? 다음 질문에 대한 답으로 알 수 있다.

복권으로 10억 원에 당첨된다면 어디에 쓰고 싶은가?

"집을 산다""해외여행을 간다""차를 산다"같은 다양한 답이 나올 것이다. 가난의 바닥으로 내려가는 사람은 이 10억 원을 어떻게 사용할지에 대해 기쁘게 답한다. 그중에는 한바탕 놀 생각으로 "우선 회사를 그만두겠다"라고 답하는 사람도 있을 것이다. 하지만 10억 원이라고 해도 해마다 1억 원을 써버리면 10년 만에 바닥난다. 화려한 생활을 한다면 눈 깜짝할 사이에 사라지고 만다.

하지만 어쩐지 이러한 대답은 좋아하는 여성에게 구애해서 넘어뜨리자마자 버리는 나쁜 남자와 비슷하지 않은가? 정말로 돈을 좋아한다면 모처럼 자신의 수중에 온 돈을 금세 써버리지 않을 것이다.

부자는 다른 답을 한다. 10억 원의 일부를 예금한다. 나머지를 분산 투자한다. 그래서 생긴 이자의 일부만 사용한다. 결코 원금에는 손을 대지 않는다. 중요한 돈과 오래 사귄다.

나는 복권으로 30억 원에 당첨된 사람과 이야기를 나눈 적이 있는데, 그는 당첨된 30억 원에는 일절 손을 대지 않고 생활했다. **부자는 돈을 계속 가지고 있는 사람이다.** 사용하면 점점 멀어지는 돈의 성격을 잘 알고 있는 사람만이 계속 부자일 수 있다.

지인 중에 부품 제조회사를 창업해 크게 키우고 수익률에서는 전국 유수의 회사에 버금가게 키운 사장이 있다. 그 사장과 이야기했을 때의 일이다.

"우리 회사에는 다양한 부품 검사 도구가 있는데, 세밀한 단위까지 두께를 측정할 수 있어서 진짜 재밌어. 1,000원 지폐나 500원 동전의 두께도 측정해본 적이 있어. 우리 직원들에게 물어보니 아무도 해본 적이 없더군. 그 친구들은 돈에 아무런 관심이 없는 걸까?"

당시에는 재미있는 사장이라고만 생각했는데, 지금 생각해보니 그 사장은 정말 돈을 좋아했던 것이다. 좋아하는 모습을 보였다고 결코 옹졸한 게 아니다. 내가 낸 기획에도 빈틈없이 돈을 들였다. 그러나 납득하지 못한 곳에는 가령 만 원도 내지 않는 것으로 알려졌다. 그는 좋아하는 돈을 소생시킨다. 쓸데없이 버리지 않고 철저하게 사용한다.

돈의 외모에 흥미가 있고 돈을 어떻게 사용하면 좋을지도 알고 있다. 이런 사장이라면 돈을 많이 벌어들이는 회사를 만들 것이다. 돈은 이런 사람에게 다가간다.

가난한 자와 출발점부터 다른
부자의 행동습관

쓸데없는 영수증은 버리고
지폐는 가지런히 꽂아둔다

지갑은 당신과 돈을 결부시키는 출발점입니다.
쓸데없는 것을 버리고 지폐를 가지런하게 정돈해보세요.

어느 단골 선술집에서 친구와 술 마셨을 때의 일이다. 옆자리
에서 노신사가 술을 마시고 있었다. 잠시 후 노신사는 계산하기
위해 지갑에서 돈을 꺼냈다. 확 눈에 들어온 엿볼 생각은 없었지만 **지갑
안에는 빼곡하고 보기 좋게 돈이 정렬되어 있었다.** 돈의 가지런
함에 깜짝 놀랐다. 너무도 인상적이어서 노신사가 가게를 나간

후 주인에게 "누구예요?"라고 물어보았다. 노신사는 아주 유명한 회사의 사장이었다. '역시 돈은 이런 사람에게 가는구나'라고 생각했다.

'돈이 살아있음'을 실감한 일이 있다. 내가 중학생이었을 때 할머니에게 용돈으로 만 원짜리 5장을 받은 적이 있다. 봉투에 넣지 않고 건네받은 그 돈을 나는 대수롭지 않게 반으로 접어서 주머니에 넣고 집까지 걸어갔는데, 주머니에서 5장의 지폐가 툭 하고 떨어졌다. 그날은 바람이 강한 날이었다. 허둥대며 주우려 했지만 반으로 접힌 5장의 지폐는 날아가는 게 아니라 마치 살아있는 것처럼 선 채로 종종거리며 앞으로 나아갔다.

그리고 그대로 멀리 사라져 버렸던 것이다. 정말로, 필사적으로 찾았지만 1장도 찾을 수 없었다. 좌우로 몸을 흔들며 달려서 도망가는 모습이 마치 돈이 "소홀히 다루지 마"라고 시위하는 것 같았다.

지갑은 이 살아있는 돈과 얼마나 친한지를 가장 잘 보여준다. 가난한 사람의 지갑 대부분은 전체적으로 너덜너덜하고 모서리가 접히거나 겉면의 가죽이나 천이 닳아 있었다. 여성은 보기 좋은 장식이 달리거나 안에 스티커 사진을 붙인 사람도 있었다. 그리고 지갑 안을 보면 우선 신용카드 영수증, '콜라 서비스' 같은 가게 쿠폰이나 할인권에 지폐가 파묻혀 있는 사람이 많다. 게다가 신용카드나 포인트 카드가 가득해서 지갑이 두꺼워진다.

이런 사람일수록 술자리에서 계산할 때 "어? 5만 원짜리가 있었는데, 없네? 미안 빌려줘"라고 말하는 경우가 많다. 일부러 그러는 게 아니라 지갑에 돈이 얼마 들어 있는지 모르는 것이다. 즉 돈 관리 능력이 제로라는 이야기다. 이런 사람은 돈과의 사귐이 뜨뜻미지근한 것이다. 만약 당신이 돈이라면 이렇게 소홀히 다루는 사람과 사귀고 싶겠는가?

게다가 신용카드나 영수증이 가득한 사람은 이번 달에 얼마를 썼는지 모를 것이다. 매달 월급날 하루 전에 "돈이 없어" 하고 말하는 사람의 지갑은 아마도 이런 모습일 게 틀림없다. 회사에 내야 할 영수증도 섞여 있어서 아차 하고 회사에 청구하는 타이밍을 놓쳐 돈을 받지 못하는 일도 있다. 대개 회사에 내는 영수증이 엉망진창인 사람은 돈과의 연이 없다고 생각해도 좋을 것이다. 영수증이 바로 돈이기 때문이다. 그렇게 다룬다면 돈도 도망가고 싶을 것이다.

가난한 사람의 지갑 속에 최근 활개치는 것이 신용카드와 포인트 카드다. 둘 다 포인트 때문에 추천하면 만들지 않는가? 포인트를 똘똘하게 쌓아서 마일리지로 바꿔 여행을 가는 사람이 내 주변에도 있다. 이런 사람은 돈 관리가 확실한 사람이다. 계산대 앞에서 "포인트 카드 있을 텐데…" 하고 지갑 안을 찾기 시작해서 줄 서서 기다리는 뒷사람에게 피해를 주는 사람은 포인트 카드 사용을 그만두는 게 낫다. 카드를 이용하게 하려는 똘똘한 카드

회사에 이용당하는 것뿐이기 때문이다.

　한편 부자의 지갑은 장지갑이든 반지갑이든 내부가 심플하고 얇다. 가지런한 지폐와 몇 장의 카드로 된 구성이다. 안락한 분위기의 방 같은 느낌으로 분명 돈도 마음이 편안할 것이다.

　지갑은 당신의 돈에 대한 마음이 가장 잘 드러나는 곳이다. 지갑을 다루는 습관을 바꾸면 분명 당신과 돈의 사이도 달라질 것이다. 비싼 지갑이 중요한 게 아니다. 가난과 부자를 가르는 출발점이 지갑인 것이다. 돈의 입장이 되어서 지갑을 다루는 습관을 바꿔보자.

잘 아는 사람일수록
돈을 빌려주지 않는다

돈을 어떻게 하면 활용할 수 있을지를 생각하는 습관을 익히세요.

    곤란한 사람을 도와주고 싶은 게 인지상정이다. 곤란한 사람을 도와주는 마음씨 좋은 사람이 행복해지는 것은 옛날이야기나 동화책의 단골 스토리다. 마음씨 좋고 가난한 사람이 행복해지고, 심술궂은 부자가 불행해지는 스토리는 정말 속 시원하다. 하지만 실제로는 어떨까?

    내 주변만 봐도, 개인파산을 한 친구나 야반도주한 사장은 모두 좋은 사람들이었다. 그 주변에 있는 사람도 전부 좋은 사람뿐이었다. 돈이 없다는 소릴 들으면 바로 빌려주어서 '착한 사람'이라고 불렸다. 그야말로 자기희생 정신의 소유자랄까.

그런데 그들에게 해피엔딩이 기다리고 있었을까? 안타깝지만 'NO'라고 답하겠다. 돈이 궁한 사람에게 돈을 빌려주면 서로 불행해질 뿐이다.

나도 젊었을 때는 친구가 "돈이 없어서 곤란하다"라고 하면 나도 비슷한 처지인데도 어떻게든 돈을 만들어서 몇 번이고 빌려주었다. 때로는 현금서비스로 돈을 변통해서라도 빌려주었다. "다음에 꼭 갚을게"라는 친구의 말을 믿고 말이다.

이후 그 친구는 개인파산 했다. 내가 빚으로 어려운 처지에 놓였을 때 '그때 빌려준 돈을 빌려주지 않았다면…' 하고 얼마나 후회했는지 모른다. 친구가 나쁜 게 아니다. 내가 물렀다. 어지간한 부자가 아니고서야 돈에 궁한 사람을 항상 도와주기란 불가능하다.

그렇다면 부자는 돈에 궁한 사람을 어떻게 대할까? 잘 아는 사람일수록 돈을 빌려주지 않는다. '돈을 빌려줄 때는 받을 생각 없이 줄 때'라고 명쾌하게 결론 내린 경우 외에는 돈을 건네지 않는다. 하물며 보증에 관한 것은 부모·자식, 형제자매 사이라도 거절한다.

부자는 채무관계로 친구나 가족의 연이 끊기는 것이 돈을 돌려

받지 못하는 것보다 더 괴롭다는 것을 안다. 그리고 자신이 쉽게 빌려주면 돈을 빌린 상대에게도 좋지 않다는 것도 안다. 돈을 빌리는 버릇이 몸에 밴 사람에게는 잘되길 바라는 마음으로 빌려주어도 절대로 돌려받지 못한다. 아니 오히려 당신이 빌려준 돈만큼 그 사람의 빚이 늘어나게 된다. 그리고 빚을 갚지 못한 그 사람은 돈을 빌려줄 또 다른 사람을 찾게 되고 결국 피해자가 늘어나게 된다.

돈을 빌려주는 행위를 어르신에게 자리를 양보한다든지, 길을 헤매는 사람을 안내하는 것과 같은 작은 선행과 혼동하면 안 된다.

내가 아는 사장은 돈을 빌리러 나타난 사람에게 "빚은 얼마나 있는가?" "누구에게 빌렸는가?"라고 먼저 물어본다고 한다. 상대가 대답하면 다시 한번 상대의 눈을 보면서 이렇게 말한다고 한다.

"또 있잖아? 솔직하게 말해."

이렇게 말하면 상대는 체념한 듯 속내를 털어놓는다고 한다. 하나의 빚이 발견되면 반드시 그 주변에 또 다른 빚이 있다. 전부 듣고 나서 빚을 정리할 수 있도록 변호사를 소개해주고, 재기하려는 기색이 보이면 그제야 돈을 빌려주거나 일자리를 정성껏 알아봐 준다고 한다. 능력도 없는데 "그래, 알겠네. 바로 돈을 준비해주지"라고 경솔하게 말하는 사람은 부자가 되려면 아직 멀었다고 보면 된다.

부자는 어떻게든 돈을 활용하려 한다. 어떻게 하면 돈의 신이 기뻐할지를 중심으로 생각한다. 아니, 생각한다기보다 자연스레 습관화되어 있다.

주식으로 성공한 사람 중에는 성장하는 회사를 내 돈으로 굴러가게 만든다고 생각하는 사람이 꽤 있다. 주주라는 입장에서 장기적인 안목으로 자신의 돈을 활용하는 것이다. '투자의 신' 워런 버핏Warren Buffett 은 이 사고방식으로 투자하고 있다. 내 지인 중에도 벤처 기업에 출자한 수천만 원이 수십억 원으로 뛴 사람이 있다.

이처럼 성장을 돕는 것이야말로 진짜 돈을 쓰는 방법이라는 게 부자의 생각이다. 부자가 되는 법이란 돈 쓰는 법을 배우는 것이기도 하다. 돈을 빌려줄 때도 쉽게 빌려주지 않는다. 돈을 빌려줄 때 그 사람의 성장을 도와줄 수 있을지를 기준으로 삼는다.

돈의 신은 돈을 소중히 여길 때 기뻐한다. 돈이 활용 가능한 소비인지를 생각하는 습관이 몸에 배어 있는지 여부가 가난한 사람과 부자를 가른다.

어려울 때 친구가 몇 명인지는
조금도 중요하지 않다

인맥 넓히는 것을 목적으로 하지 마세요.
- -

가난한 사람이라고 하면 친구도 없고 외로운 이미지가 강하다. 하지만 사실은 그렇지 않다. 여기에서는 <u>회사원이나 계약직으로 조금 실수하면 곤란해지기 쉬운 사람, 그리고 노후까지 계속 돈 때문에 고민하는 사람</u>에 대해 다루도록 하겠다.

이런 가난한 사람들은 겉보기에는 밝고 사교적인 사람이 많다. 사교성도 좋고 성격도 좋아서 주위 평판도 나쁘지 않은 사람이 많다. 그렇기 때문에 친구 모임이나 지역 활동에서도 중요한 역할을 맡기 십상이다. 회사에서 말하면 대리나 과장, 팀 리더로 부하에게도 미움받지 않고 일도 곧잘 하는 유형의 사람이다.

내 지인 Y는 누구와도 금방 친구가 되는 사람이다. 술자리가 있으면 어디든지 급히 달려간다. 이런 성격이 좋게 보였는지 지방의 금융기관에서 일하는 Y는 동기 중에서 가장 빨리 과장이 되는 등 30대까지는 순조로운 회사생활을 보냈다. 60세가 가까워졌을 때에도 밝은 성격 때문에 때때로 비행기를 타고 술자리에 참가하는 등 친구를 소중히 하는 모습은 변하지 않았다. 하지만 밝은 성격만으로는 사내의 출세 경쟁에서 살아남을 수 없었는지, 지금은 동기에게 밀려 곧 정년을 맞는다.

사내의 출세 경쟁 따위는 그의 성격대로라면 어떻게 되든 상관하지 않을지도 모른다. 그보다 그의 현재 절실한 고민은 노후 자산이 없다는 것이다. 교우관계를 좋아했으니 저축이 없는 것은 당연하리라. 그렇지만 노후의 가난을 걱정하면서 지금도 친구와의 술자리에 열중하고 있다. 참고로 그가 지금 가장 무서워하는 것은 퇴직과 동시에 듣게 될지도 모르는 아내의 이혼 요구라고 한다.

어쩌면 자신의 외로운 마음을 달래기 위해 많은 친구와 교류를 지속했는지도 모르겠다. 또 사장 일보다도 경영자의 모임에 참가하는 데 더 열심이어서 회사 사정이 어려워진 사람도 알고 있다.

이런 유형의 사람이 자주 입에 올리는 말이 있다. 바로 '인맥'이다. 일하는 데 인맥은 큰 무기가 된다는 의미로 여러 모임에 나가서 명함을 돌려 인맥을 넓히려고 한다. 하지만 명함을 돌린 사람이나 술자리에서 알게 된 사람이 과연 일에 얼마나 큰 도움이 될까?

나도 가끔 지인을 통해 일 관련 상담을 해준 적이 있지만, 그 대부분이 통상의 가격보다 싸게 가능하냐는 부탁이다. 신규 거래처가 생기는 것은 감사한 일이다. 하지만 상대는 지인이니까 '싸게' 가능하지 않느냐는 기대를 품을 뿐이다. 그러면 오래 사귀기는 좀처럼 어렵다.

성공한 경영자에게 이야기를 들어보면, 그중에 꼭 동지라고 불릴 만한 친구 이야기가 반드시 등장한다. 그 친구가 없었다면 성공은 없었을 것이라고 할 만한 사람이다. 거래처 사람인 경우도 있었고, 라이벌 회사의 사장인 경우도 있었는데, 어쨌든 성공한 사람에게는 진정한 친구가 반드시 있었다. 이처럼 성공하는 경영자는 업무를 통해 인맥을 만들어 나간다.

이러한 인물은 인맥이 넓고 풍부하다. 전화 한 통으로 간단하게 큰 일을 성공시킨다. "부탁합니다"라는 한마디로 수천만, 수억 단위의 일이 성립하는 것이다. 이를 두고 '역시 인맥이야!'라고 생각할지도 모르지만, 자신의 실력으로 진정한 인맥·우정을 만든 사람과 인맥을 넓히는 데 열심인 사람과는 그 질이 다르다.

진주는 작은 핵부터 조금씩 커지고 굳어져 아름답고 둥근 진주가 된다. 성공한 사람의 인맥 만드는 법은 이와 같다. 신뢰라는 핵을 중심으로 단단한 연결고리를 만들어 나간다.

한편 명함을 돌려서 인맥을 넓히려는 사람은 쌓인 눈을 굴려서 눈사람을 만드는 것과 같다. 하얗고 큰 눈사람이지만 열에 약해 부서지기 쉽다. 그러면 중요한 순간에 아무런 도움도 되지 않는 인맥을 만드는 것이다.

나는 친구를 만들지 마라든가, 지인을 늘리지 말라는 말을 하는 게 아니다. 다만 친구를 늘리거나 지인을 늘리는 것을 목적으로 해서는 안 된다는 말이다. 가난한 사람은 친구가 많은 것으로 마음을 달래는 데다 그 친구와의 교제에 야금야금 돈을 쓴다. 겨우 결혼식에 초대되는 친구 중 한 명으로 축의금 가난뱅이가 되는 게 고작이다.

<u>신뢰를 축으로 제대로 된 관계를 쌓자.</u> 이것이 중요한 순간에 진짜 당신을 도와줄 친구·인맥이다.

돈 관리를 잘하는 사람은
책상 위도 깨끗하다

테이블에 쌓인 가난 습관을 개선해보세요.

업무 미팅으로 여러 회사의 사장실에 들어가 보았는데, 기업이 순조로운 매출을 자랑하는 회사의 사장실은 깨끗하다. 어쨌든 깔끔하다. 때때로 '일은 하나?' 싶을 정도로 책상과 심플한 디자인의 소파만 있는 사장실도 있었다.

책상 위가 깨끗한 회사에서 하는 미팅은 원활하게 진행된다. 미팅 때 필요한 자료가 지체 없이 나오기 때문이다. 물론 그 자료는 부하직원이 가져오는 것이지만, 사장 본인도 누구에게 어디에 어떤 자료가 있는지 알고 있다.

한편 성과가 나쁜 회사의 사장실은 너저분하다. 나는 사장실에 들어가면 반드시 서류 책상이나 책장을 살펴보는데, 세로로 꽂힌 서류에 가로로 놓인 서류가 섞여 있는 회사는 성과가 좋지 않다. 게다가 사장의 개인적인 취미 서적이 꽂혀 있는 책장은 말할 것도 없다.

사장뿐만이 아니다. 직원도 마찬가지다. 한 건설 컨설턴트회사 사장은 이렇게 말했다.

"부하직원이 일을 잘하는지, 못하는지는 책상 위를 보면 알 수 있다."

업무 책상은 직장인 각자의 전투기다. 책상에는 그 사람의 실력이 드러난다. 물론 책상 위가 깨끗하면 업무가 효율적으로 진행된다. 한 조사에 따르면 업무에는 1년에 약 1개월은 찾는 데 시간을 허비한다고 한다. 이것이 평균치라고 하면 너저분한 책상에서 일하는 사람은 적어도 1년 중 2개월은 물건을 찾는 데 허비할지도 모른다. 그래서는 일을 잘할 수가 없다. 본인에게 있어서도, 연장수당을 지급하는 회사에 있어서도 곤란한 상황이다. 책상은 돈과 관련이 있다.

회사에서 책상처럼 가정에서는 거실 테이블이 돈과 관련이 있다. 거실에 있는 테이블은 그 가정을 상징하는 것이다. 혼자 살아도, 결혼해서 가정을 꾸려도 일상생활에서 가장 많이 이용하는 것이 거실 테이블이다.

부잣집에서는 이 테이블이 깨끗한 데 비해서 돈과 인연이 없는 집은 테이블 위에 잡동사니가 놓여 있다. 간장소스, 이쑤시개, TV 리모컨, 신문, 전단지, 자녀의 학용품, 과자 등이 놓여 있다. 심지어 다 먹고 난 그릇이 놓여 있기도 하다.

거실 테이블은 가정의 축소판이다. 그것으로 가정의 생활습관이 드러난다. 부자라면 부자가 되는 습관이 보이고, 부자가 아니라고 한탄하는 가정이라면 돈이 도망가는 습관이 보인다. 테이블 위가 너저분하면 정리하지 않는 습관이, 사용하지 않는 것이 놓여 있으면 쓸데없는 것을 사는 습관이, TV 리모컨이 놓여 있으면 TV를 보며 빈둥대는 습관이, 과자가 항상 놓여 있으면 마음의 허무함을 달래려 과식하는 습관이 있음을 알 수 있다. 돈과 멀어지는 습관이 거실 테이블에 반영되는 것이다.

생활습관을 바꿔 가난 체질에서 벗어나 부자 체질이 되는 것이 이 책이 지향하는 바이다. 테이블을 깨끗이 하고, TV 리모컨을 먼 곳에 두어 TV를 보며 빈둥대는 습관에서 벗어나 보자. 정리해봄으로써 쓸데없는 물건을 샀다는 것을 깨닫는다. 과자를 멀리하고 마음과 몸의 다이어트에 힘쓴다. 테이블을 정리하고 깨끗이 하는 행동이 가난 습관을 그만두는 계기가 될 것이다.

가난은 생활습관 질병인 동시에 전염병이다. 특히 부모에게서 자식에게 높은 확률로 전염된다. 이는 가난한 사람의 자식이라서 가난한 게 아니라 생활습관이 확실하게 전염되기 때문이다.

그 생활습관이 몸에 배는 장소가 바로 거실 테이블이다. 테이블을 너저분하게 사용하는 습관, 과자에 금방 손대는 습관, 정리하지 않는 습관 등 부모의 나쁜 습관이 테이블을 통해 아이에게로 옮겨가는 것이다.

물론 아이가 있는 가정뿐만이 아니다. 혼자 사는 사람도 장래에 부자가 되려면 거실 테이블을 체크하자. 가난 체질이 보인다면 서둘러 개선하길 바란다.

05

약속시간보다 5분 빨리 가서
신용을 얻어라

시간의 엄수는 돈을 버는 일과 연결되어 있음을 알아두세요.

얼마 전 한 경영자와 이야기를 나눈 적이 있다. 그 경영자는 지방에서 가스나 건설 등 거대 그룹을 구축한 초대 창업자다. 80세 가까운 나이였지만 경영 최전선에서 그룹을 통솔하고, 그 경영의 욕은 아직도 여전히 기세등등했다.

여러 가지 이야기를 나누었는데, 마지막에 "젊은 사람이 성공하기 위한 비결은 무엇입니까?"라고 물어보았다. 그러자 "시간 엄수, 약속 엄수, 거짓말하지 않기가 중요해요" 하고 즉답을 했다.

나는 질문하면서 '꿈을 가질 것' '포기하지 말 것' 같은 마음가짐에 대한 답을 예상했는데, 아주 간단한 행동을 꼽아서 인상적이었다. 그중에서도 '시간 엄수'는 구체적이어서 알기 쉬웠고, 성공한 사람의 사고를 엿볼 수 있었다. "시간은 금이다"라는 말이 있듯, 시간과 돈은 매우 밀접한 관련이 있다. 가난은 생활습관 질병 측면이 매우 강해서 일상생활 속에서 시간을 어떻게 다루는지가 가난과 부자를 나눈다.

당신은 시간에 대해 어떻게 생각하는가? 오전 9시에 친구와 만나기로 했다. 당신은 5분 전 혹은 그보다 전에 도착하는 편인가? 아니면 대충 9시를 기준으로 삼는가?

거래처와의 미팅이 정해지면 '약속 시각 전에 도착'하는 것이 습관이 된 사람은 그곳까지 가는 노선, 갈아타는 곳, 변수가 생겼을 경우 등 의식적으로 혹은 무의식적으로 다양하게 상상해보고 재빨리 준비할 것이다. 고작 거래처와의 미팅이라도 계획성이나 체계성의 힘이 발휘된다. 항상 시간 전에 도착하는 사람은 이런 계획이나 체계적인 힘이 행동습관으로 몸에 배어 있는 사람이다.

거래처와의 미팅에 늦으면 안 되는 회의나 대형 거래처와의 약속이었다면 대개 사람은 꼼꼼히 노선을 확인하고 당일에 서둘러 나갈 수 있도록 준비한다. 항상 시간 전에 도착하는 사람은 이런 계획과 체계가 일상이라서 자연스레 이루어질 정도로 습관화되어 있다.

한편 대충 9시를 기준으로 삼는 사람은 대개 늦는다. 당신 주변에도 있지 않은가? 거래처와의 미팅에 항상 지각하는 사람 말이다. 혹시 당신도 그런 유형이지 않은가? '5분 정도야'라며 항상 늦는 사람은 계획성이나 체계의 힘이 약하다. 무엇보다도 약속을 지킨다는 의식이 낮다. '시간을 지키지 않는' 행동에는 중요한 업무를 맡길 수 없는 사람의 특징이 모여 있다.

시간을 지키지 않는 사람에 대해서 혹독한 대응을 하는 것이 은행이다. 시간을 지키지 않는 사람은 지급 기일에 대해서도 대수롭지 않게 여긴다. 휴대전화 요금, 신용카드 대금, 전기세, 가스비 등 정확히 날짜 안에 냈는가?

"연체되었습니다"라는 고지서나 전화가 오고 나서야 내는 사람은 주의해야 한다. 특히 신용카드나 대출 변제가 늦는 사람의 정보는 확실하게 신용정보로 기록된다. 하루 늦었다고 해도 반드시 기록된다. 특히 월말 31일이 기한인데 다음 달 1일에 냈다면 단 하루 늦은 것이지만 신용정보가 크게 깎인다.

은행은 신용정보에 연체나 사고^{변제하지 않은 것 등} 기록이 있는 사람에게 돈을 빌려주지 않는다. 예를 들어 집을 지을 때, 신용정보에 문제가 있는 사람은 주택담보대출을 이용하지 못할 게 분명하다. 참고로 신용정보에 연체 기록이 여러 번 있으면 신용카드 개설도 못하고 아파트나 빌라를 빌리지 못하기도 한다. 부자가 되고 싶다면 신용은 중요하다. 지불 기일은 반드시 철저하게 지켜야 한다.

시간을 지키는 것은 신용을 만드는 것이다. 그 신용에 돈이 따라온다. 요즘 TV에서 활약하는 유명 일러스트레이터와 일했을 때의 일이다. 아마추어의 일러스트에 대해 비평하는 자리에서, 가장 먼저 보내진 작품에 대해 아주 훌륭하다는 생각은 들지 않지만 그는 상당히 전문성이 보인다고 칭찬했다. 그 이유로 "마감일을 지키기 때문입니다"라고 말했다. 일러스트레이터라는 직종도 시간을 지키는 사람이 돈을 버는 듯하다.

청소를 하면
돈의 운이 좋아진다

청소로 돈의 신을 끌어들여 보세요.

얼마 전 창업 50년이 되는 라멘 가게에서 업무 미팅을 했다. 그 다음 날에는 근 10년 동안 매출이 상승하고 있는 식품회사에서 기획 미팅을 했다. 두 군데 모두 소중히 여기는 게 같아서 감동받았다. 그것은 바로 청소다.

오래된 점포인 라멘 가게의 주인에게 물어보았다.

"가게를 오랫동안 이어올 수 있던 비결은 무엇입니까?"

"그것은 가게를 깨끗하게 유지한 것입니다."

확실히 마루는 구석구석까지 깨끗하게 닦여 있었고, 조금의 음식물 찌꺼기도 떨어져 있지 않았다. 화장실 청소는 가게 주인이 직접 한다고 한다. 가게 주인은 이어서 말했다.

"어떻게든 단순한 일을 계속한 것뿐입니다."

단순한 일을 계속한다니, 간단할 것 같지만 어려운 일이다. 연륜이 묻어나는 가게 주인의 말에 새삼 청소의 소중함을 배웠다.

그다음 날 방문한 식품회사도 청소를 철저하게 함으로써 성장한 기업이다. 공장뿐 아니라 건물 밖도 직원이 청소한다. 넓은 마루를 정중하게 마른걸레로 훔치는 모습이 인상적이었다. 발효식품을 취급하는 회사였기 때문에 공기 중에 존재하는 균 때문이라도 청소가 소중하다고 직원들이 입을 모아 말했다.

청소와 관련해서 떠오른 이야기가 있다. 한 스포츠 선수가 대학 시절에 감독에게서 화장실 청소를 하라는 지시를 받았다고 한다. 물론 감독 명령이었기 때문에 열심히 했지만, 결과는 호된 꾸중이었다. 화장실에서 보이지 않는 부분^{물이 나와서 들어가는 부분}이 조금도 깨끗해지지 않았기 때문이다. "보이지 않는 부분을 깨끗하게 하는 것이 청소다"라고 감독이 혼낸 이유를 설명했다고 한다.

여기에서는 정리 정돈이 아닌 청소에 대해 다루었다. 어수선한 것을 정리하고 청소한다. 청소는 한자로 '淸掃'이다. '淸'은 맑다는 뜻이다. 그 장소를 맑게, 나쁜 것을 없애는 것이다. 청소와 마음을 연결 짓는 것은 일본인 특유의 생각이지만, 파나소닉 창업자이자 경영의 신이라고 불리는 마쓰시타 고노스케^{松下幸之助}를 시작으로 다수의 경영자가 청소로 마음을 갈고닦음으로써 매출 증가로 이어짐을 알고 있기 때문에 청소를 엄격히 지도하는 것이다.

돈에는 아무래도 마음이 있는 듯하다. 인격_{돈이니까 '돈격'이라고 할까}도 있다. 단순히 무기질의 물질이 아니다. 물론 사람이 돈에 생명을 불어넣는지도 모른다.

돈에는 마음이 있다고 믿어보자. 여기에 돈을 불러들이는 핵심이 있다. 물론 돈과는 거리가 먼, 즉 가난해지는 원인을 아는 것과도 연관이 있다.

마음이 있는 돈은 인간과 마찬가지로 깨끗한 것을 좋아한다. 마음이 있는 돈은 기분이 좋으면 모이게 된다. 반대로 더러운 곳에는 기분이 상하기 때문에 멀어진다. 청소가 구석구석 제대로 되어 있지 않은 곳은 사람도 마음이 불편할 것이다. 물론 보기에도 안 좋고, 악취라도 나면 후각적으로도 꺼려지고, 더러운 곳을 만지면 촉각적으로도 기분이 상한다. 즉 사람의 감각으로 참을 수 없게 된다.

풍수에서도 방이 깨끗한 것은 돈을 불러들이기 위해 중요하다고 한다. 특히 물을 사용하는 곳을 깨끗하게 하는 것은 아주 중요하다. 풍수도, 일본의 경영자도, 라멘 가게 주인도 청소의 소중함을 알려준다.

맑고 깨끗하게 만드는 청소. 어쩐지 최근에 일이 잘 풀리지 않고, 돈이 모이지 않는 것 같다면 당신의 방이나 베란다를 깨끗이 하고 나쁜 공기가 사라지도록 청소를 해보자. 운과 돈이 들어올지도 모른다.

맛있는 음식은 얻어먹지 말고
제 돈 내고 먹어라

맛있는 외식은 적당히 하세요.

"내 취미는 맛있는 음식을 먹는 것이다."

남녀를 막론하고 이런 말을 하는 사람을 자주 볼 수 있다. TV나 잡지에서도 맛집 특집이 자주 다루어진다. 맛있는 요리를 먹으면 행복해진다. 때로는 '참 살맛 나는 세상이다'라는 마음이 드는 요리를 만나는 일도 있다. 하지만 '맛있는 것'에는 돈이 달라붙는다.

버블 시대, 20대 젊은이가 고급 요리점에서 와인 잔을 기울이면서 데이트하는 게 유행이었다. 데이트뿐만이 아니다. 젊은 여성은 상사나 선배에게 얻어먹는 일이 다반사였다. 이른바 맛집에 길들여진 것이다. 이런 생활을 보낸, 내가 아는 여성 중에는 생활의 질을 떨어뜨리고 싶지 않다는 이유로 결혼하지 않겠다는 사람도 있었다. 나는 요즘 결혼이 늦어지는 이유 중 하나가 이 '맛있는' 생활을 그만두지 못해서라고 생각한다.

'맛있는 것'에는 돈이 달라붙는다고 했다. 요리 그 자체의 가격뿐만이 아니다. 요리에 어울리는 술, 교통비, 좋은 가게에 어울리는 나름의 복장도 필요하다. 친구와 가면 "한잔 더 마시자"라는 상황이 되어 더 돈이 든다. 맛있는 것을 좋아하는 사람의 주위에는 맛있는 것을 좋아하는 친구들이 모여서 서로 맛집 투어를 주도하기 때문에 끝이 없다.생일 파티라도 시작하면 돈이 없어지는 지출의 연쇄다. 벗어나기도 어렵다. 선물비용도 제한 없이 점점 높아지기 때문에….

당신 주변에도 급여 사정이 비슷할 텐데 항상 맛있는 것을 먹는 사람이 있지 않은가? '부모님이 부자인가?'라고 생각할지도 모르지만, 실상은 가난의 악순환에 빠진 것이리라.

TV에서는 여전히 다이어트 특집이 인기다. TV 홈쇼핑에서는 살을 뺄 수 있다고 광고하는 건강보조제나 운동기구가 넘쳐난다. 많은 돈을 들여 맛있는 것을 먹고, 체중이 증가하여 돈을 들여 살을 빼고, 또다시 맛있는 것을 먹는다. 어쩐지 맛있는 것에 이중으로 돈을 내는 듯하다.

고대 로마제국이 번창했을 때에는 맛있는 것을 먹은 다음에 무리하게 토하고 또다시 먹는 일이 있었다고 한다. 이런 생활이 로마제국의 멸망으로 이어진 게 아니냐는 말도 있다. 바야흐로 오늘날의 맛집 붐과 상통하는 부분이 있다.

맛있는 것을 먹고 싶은 것은 돈을 버는 데 큰 동기부여가 된다. 큰돈을 벌지 않는데도 맛있는 것을 계속 먹을 수 있는 것은 스스로 부자가 될 수 없는 동기를 부여하는 것과 같다. 어떤 부자는 자식을 초밥 가게에 데려가더라도 결코 참치를 먹이지 않는다고 한다. "참치 초밥은 스스로 번 돈으로 사 먹어라"하고 가르친다는 것이다. 이 부자는 "맛있는 것"이 얼마나 돈을 버는 데 동기부여가 되는지를 알고 있는 것이다.

부자는 '맛있는 것'의 매력과 동시에 그 마력도 알고 있다. '맛있는 것'의 마력이란 거기에 돈이 달라붙는다는 사실이다. 맛있는 생활을 계속하려면 거기에 돈의 낭비가 발생함을 알고 있다. 그리고 '맛있는 것'을 계속하면 건강을 해친다는 것도 안다.

검소한 식사로도 때때로 맛있는 것을 먹기 때문에 기쁨이나 행복을 느낄 수 있음을 안다. 대를 이어 부자인 이들의 식사는 검소하다. 아니, 그들은 검소한 것이 낫다고 생각한다.

맛있는 외식이 당연해졌다면 이는 서서히 가난으로 향하는 길이라고 여기자. 그렇다고 해서 집밥이 맛없다는 의미는 아니다. 어디까지나 '맛있는 외식'의 이야기다.

머리부터 발끝까지
깔끔하게 정돈한다

구두를 닦고 현관의 신발을 정리해보세요.

　호텔에는 다양한 사람이 머문다. 그중에는 애초에 돈을 지불하지 않고 묵으려는 사기꾼도 있다고 한다. 일류 호텔의 호텔리어는 이런 사기꾼을 간파해내지 않으면 안 된다. 항상 웃음 띤 얼굴로, 하지만 시선은 날카롭게 손님을 관찰한다. 고급 옷에 소지품도 고급이다. 하지만 구두가 더럽다. 여기에 일류 호텔리어의 경계 수준이 상승한다.

나도 사기꾼이라고 불리는 사람을 몇 명 만난 적이 있다. 아버지 대신 관리해야 했던 상가에 입주해 있던 회사의 사장이 자금 사정이 나쁘다며 몇 번이나 집세를 기다려 달라고 부탁해왔다. 예전부터 알고 지낸 사이였기 때문에 잠시 동안은 어쩔 수 없다고 생각했지만, 어느 순간 도저히 못 기다리겠다 싶어서 담판을 짓기로 결심하고 자리를 마련했다.

그러자 "큰 투자 이야기가 잘 풀리고 있어요. 거짓말이라고 생각하시죠? 그럼 한번 그 에이전트와 만나보실래요?"라고 말하는 것이다. 반신반의했지만 집세는 회수해야 했고, 그의 이야기가 정말이라면 마음을 놓을 수 있을 것 같아서 실제로 그 에이전트를 만나기로 했다.

그 에이전트의 말을 들어보니, 미국 대통령 이름이 들어간 재단과 관계를 맺기 시작했으며, 투자처가 자본금 10조 원그런 회사가 있을 리 없다 이라는 의료계 단체라는 것이다. 냉정하게 생각하면 곧바로 거짓말이라는 것을 알 만한 내용이었다. 그런데도 그 사장은 완전히 그 이야기를 믿어버렸다.

사기꾼은 돈을 가지고 있는 사람을 속여 그것을 뜯어내려 한다. 하지만 사실 사람을 속이려는 사람에게 상대가 돈이 있는지 없는지는 관계없을 것이다. 그들은 아마도 그 사장이 돈을 빌려서라도 투자하리라고 판단했으리라.

돈을 가지고 있는지 여부보다도 돈을 바라는 '욕망'에 사기꾼은 더 달려든다는 것을 알게 되었다. 그들이 실제로 사기꾼이었는지는 알 수 없지만 대단한 세상이었다. 수백억 원의 이야기를 하고 있는데, 그들의 구두는 아주 낡고 지저분했던 기억이 지금도 강렬하게 남아 있다.

구두에는 그 사람이 자기 자신을 어떻게 보여주는가를 드러낸다고 한다. 자기 평가가 낮은 사람은 구두가 더러워져도 그대로 놔둔다는 것이다.

"신발을 정리하면 마음도 정리된다"라는 선종 사찰의 말씀이 있다. 오래전부터 구두와 마음의 관계는 널리 알려져 있다. 구두의 오물은 자기 평가가 낮음을 나타내고, 구두를 정리하면 마음의 혼란이 정리된다. 여기에 부자가 되는 비결이 있지 않을까.

확실히 내가 만난 훌륭한 경영자의 발치를 보면 깨끗하게 빛나는 구두나 청결한 스니커를 신고 있었다. 더러운 구두가 자기 평가의 낮음을 나타낸다면, 깨끗한 구두는 자기 평가가 높음을 나타낸다고 할 수 있다. 자기 평가가 높아야만 자신감 있는 행동과 경영판단이 가능하리라.

이러한 구두를 신고 있는 경영자와 구두를 벗고 방에 들어가 식사하는 가게에 가면, 그들은 실로 정중하게 구두를 벗고 구둣주걱을 사용해서 구두를 신는다. 그 모습은 구두를 난잡하게 벗고, 뒤축을 구겨서 신는 등 선술집에서 자주 보는 풍경과는 정반대였다.

돈이 있기 때문에 구두가 깨끗한 것이 아니다. 내 주변에도 구두가 더럽고 낡은 사람보다 구두가 깨끗한 사람이 더 큰 일을 하고 출세하는 것을 보면, '깨끗한 구두'는 출세와 돈을 부르는 것 같다. 발치까지 깨끗하게 한 사람은 자기관리가 확실한 사람일 것이다.

깨끗한 구두에는 운과 돈이 따라온다. 매일 아침 구두를 닦고 현관에 있는 구두를 정리하자. 단지 그것만으로도 당신의 금전운이 달라진다면 실행해서 손해는 아닐 것이다.

10원, 100원 같은
잔돈도 돈이다

근처에 있는 잔돈을 소중히 사용하세요.

'잔돈'은 적은 액수의 돈이다. 소위 동전이다. 500원 동전을 잔돈이라고 하는 사람은 적겠지만 100원보다 작은 액수의 동전은 잔돈이라고 불리는 일이 많고, 적은 금액이다 보니 가볍게 취급하기 십상이다. 이 잔돈을 어떻게 취급하는지가 가난의 바닥으로 가라앉느냐 부자의 길로 올라서느냐를 크게 좌우한다.

경험상 "돈이 없다"라고 말하는 사람일수록 잔돈을 소홀히 다룬다. 남자라면 동전지갑 없이 주머니에서 짤랑짤랑하고 나온다. 그중에는 손으로 한 주먹의 동전이 나오는 사람도 있다. 책상이나 가방 속에서 마치 마술처럼 500원, 100원, 50원, 10원이 자꾸자꾸 나온다. 이런 사람은 돈이 나올 때마다 이렇게 말한다.

"럭키! 돈 나왔다"

때로는 이런 말도 한다.

"돈 벌었다"

아니, 돈을 번 것은 아니다. 애초에 본인 돈이었으니까 말이다. 돈 벌었다고 생각하는 사람일수록 발견한 잔돈을 들고 자동판매기로 직행해서 곧바로 써버린다. "큰일이야. 돈이 없어"라고 말했으면서, 돈 벌었다고 생각하면서 어째서 발견한 즉시 써버리는 것일까? 주머니에서 찾은 돈은 써버리고, 경마나 복권으로 번 돈도 써버린다. 그전까지의 손해나 적자를 전혀 생각하지 않는 것이다. '돈을 가지고 있는 걸 싫어하는 것 같다'는 생각마저 든다.

일본에는 잔돈을 씻어내면 돈이 두 배가 되어 집이 번영한다는 '제니아라이 벤자이텐錢洗弁天' 전설과 같이 잔돈을 중히 여기는 이야기가 몇 가지 있다. 내가 좋아하는 이야기는 가마쿠라시대의 한 무사의 이야기다.

어느 날 밤 무사가 강에 10전을 떨어뜨렸다. 그 돈을 찾기 위해 종놈을 시켜 50전으로 횃불을 사 오라고 했고 불을 비춰 10전을 찾았다. 그 이야기를 전해 들은 사람이 "10전을 찾기 위해 50전을 사용하다니 너무 어리석은 것 아닙니까?" 하고 웃으면서 묻자 그 무사가 답했다.

"10전은 적지만 잃어버리면 하늘 아래 돈을 영원히 잃게 됩니다. 사용한 50전은 누군가의 이익이 되니 합쳐서 60전이 하늘 아래 돌아온 것이요. 이는 이득이 아닙니까"

이 이야기에는 돈에 대한 두 사람의 핵심이 담겨 있다. 하나는 소소한 돈이라도 소중히 여길 것, 또 하나는 돈을 세상에 회전시키는 것의 중요성이다.

잔돈을 플라스틱병에 담아 한구석에 놓아두는 사람이 종종 있다. 돈은 사용되지 않고 플라스틱병에 먼지만 쌓인다. 돈은 움직이는 것이다. 활발히 움직이고 사용되어야 돈의 가치가 있는 것이다. <u>돈은 사회의 혈액이다.</u> 돈이 흐름으로써 사회는 건강해진다. 플라스틱병에 담아 그대로 방치하거나, 책상 서랍에 넣어놓고 잊어버린 돈은 죽은 것이나 다름없다. 잔돈도 확실하게 써버려야 사회도 당신도 활력을 띤다. 물론 쓸데없는 소비는 지양해야겠지만 말이다.

부자는 잔돈을 제대로 다룬다. 다시 말하면 소중하게 사용한다. 잔돈을 넣는 지갑을 가지고 다니는 것을 근거로 들 수 있다.

지갑, 카드, 잔돈도 모두 담아 볼록해진 지갑을 들고 다니는 젊은 사람을 볼 수 있는데, 그런 보기 흉한 꼴이 되지 않도록 부자는 잔돈을 사용해버린다. 그리고 잔돈도 똑똑하게 소비한다. 쌀알 한

톨도 남기지 않고 먹는 것이 식사법인 것처럼 진짜 부자는 10원까지 신경 써서 사용한다.

가난은 일종의 생활습관 질병이다. 매일 습관이 당신을 가난 체질로 바꾸는 것이다. 잔돈 사용 습관도 중요하다. 잔돈을 조잡하다고 여기면 당신은 가난 체질로 바뀌게 된다. 잔돈 10원을 '단돈 10원'이라고 소홀히 취급하느냐, 이 10원을 어떻게 효율적으로 쓸지 생각하느냐로 당신의 인생은 크게 달라질 것이다.

당신이 편의점에서 받은 거스름돈 10원. 다음에 쓰겠다면 동전 지갑에 넣어도 괜찮다. 혹은 사회에 환원한다는 마음으로 계산대에 마련된 기금모금함에 넣어도 좋을 것이다.

'잔돈은 귀찮다'라는 마음으로 주머니나 지갑에 쑤셔 넣는 건 좋지 않다. 10원을 소중히 하지 않으면 그 마음이 당신의 마음에 작은 구멍을 만들고 그게 점점 커져 큰 구멍이 되어 자신도 모르게 돈이 점점 새어나가게 된다. 잔돈을 소중히 한다는 의식은 당신의 돈 습관을 크게 바꿀 것이다.

대박 기회가 찾아왔을 때
확 낚아챌 수 있도록 준비하라

평소에도 돈을 생각하고 중요한 순간에
당황하지 않도록 대비하세요.

가난의 악순환에서 벗어나고 부자가 될 수 있는 전환점의 순간
이 반드시 찾아온다. 바야흐로 '빅 찬스'다. 이 기회를 확실하게
손에 쥘 수 있느냐에 따라 당신의 앞으로 인생이 달라진다.

그리스의 격언에 "기회의 신은 앞머리밖에 없다"라는 말이 있
다. 이 기회의 신은 앞머리가 무성한 데 비해 뒷머리는 민둥해서,
기회라고 생각했을 때 앞머리를 잡아채지 않으면 뒤돌아섰을 때

잡아챌 수 없게 된다는 것이다. 앞머리밖에 없는 '기회의 신'이 갑자기 눈앞에 나타나도 우왕좌왕 허둥대며 놀라기만 할지도 모른다.

하지만 기회는 어느 날 갑자기 찾아온다. 나 또한 첫 번째 건물의 부동산정보를 갑작스레 얻었다. 이보다 좋을 수는 없다고 여겨질 정도의 내용이었다. 그러나 너무나 좋다 보니 놀라워하면서도 어쩐지 결단을 내리지 못했었다. 그때 이건 꼭 구입해야 한다고 부동산 회사 관계자가 재차 권했기 때문에 무사히 구입할 수 있었다. 기회의 신이 우연히 들러준 덕분이라고 생각한다.

당시의 나는 부동산에 대해 공부해둘 작정이었지만, 갑작스럽게 매우 좋은 물건이 눈앞에 나타나자 당황해버리고 말았다. 그때 당황해서 결정하지 못했다면 지금 어떻게 되었을지 생각하면 오싹하다.

당황하게 되면 자신도 모르게 생각지도 못한 행동을 취해버리고 만다. 돈을 모을 기회를 놓쳐버리는 유형의 사람은 중요할 때 일단 부들부들 떤다. 예를 들어 대규모 지진이 일어났을 때 유언비어에 휘둘려서 여기저기에 퍼뜨리는 사람도 이런 유형이라 할 수 있다. 하지만 그렇게 부들부들 떠는 사람이 평소에는 어째서인지 태평하게 지낸다. 평소에는 태평하게 지내면서 막상 중요한 순간에 당황하는 이유가 뭘까?

사실 당황하는 유형의 사람은 평소에도 시간 배분을 잘하지 못한다. 평소에 느린 속도를 유지하고 있기 때문에 중요한 순간에 빠르고 정확한 행동을 취하지 못한다. 즉 중요한 순간에 자기 스스로를 능숙히 컨트롤하지 못하는 것이다. 그렇다면 어떻게 대책을 세우면 좋을까.

그 비결은 야구선수 이치로에게 있다. 이치로가 일본에서 경기했을 때 그의 시합을 보러 갈 기회가 있었다. 이치로라고 하면 예술적인 안타, 도루, 레이저빔 송구로 대표되는 화려한 기술로 주목 받는다. 내가 주목한 것은 수비 동작이었다. 이치로는 수비하는 동안 끊임없이 움직였다. 타구가 언제 날아와도 괜찮을 것처럼 대비하고 있던 것이다.

당신은 돈을 벌 기회를 대비하고 있는가? '기회를 포착하는 감'이라는 말이 있다. 이는 기회가 왔을 때 민첩하고 정확한 행동을 취하는 모습을 표현한 것이다. 부자가 되는 사람은 기회에 대비하고 있기 때문에 곧바로 행동을 취할 수 있다.

부동산 세계에서는 중요한 순간에 대비하는 사람과 대비하지 못한 사람이냐에 따라 1억 원을 버는 삶과 수십억 원을 버는 삶으로 차이가 발생한다. 돈이 되는 물건은 그리 빈번하게 나타나지 않는다. 막상 희귀한 물건이 자신에게 모습을 드러냈을 때 대비하고 있던 사람은 곧바로 매입에 들어간다. "아파트 투자를 하고 싶으니 좋은 물건이 나오면 소개해 주세요"라고 부동산 회사 관계자에게 부탁하면서 막상 좋은 물건이 나왔을 때 당황해서 검토에 들어가는 사람은 이후 좋은 물건을 소개받지 못한다. 금액은 얼마이고, 이율은 어느 정도라면 살 수 있다고 확실하게 기준을 가지고 있는 사람만이 보물을 손에 넣을 수 있다.

보물을 사서 "100억 원까지 오르면 좋겠다!" 하고 느긋하게 기다리는 사람에게는 비즈니스 기회가 와도 당황할 뿐 확실히 잡아챌 수 없다. 위기에 대비하고 기회를 잡는 자세를 갖추어야 한다. 이런 사람만이 누구에게나 한 번은 찾아오는 부자가 될 기회를 잡아챌 수 있다.

PART
3

가난한 자와 출발점부터 다른
부자의 자기 관리

완벽한 때를 기다리기보다
뛰어들 적당한 타이밍을 노린다

돈 버는 아이디어는 완벽하지 않아도 세상에 물어보세요.

최근에는 '완벽'이라는 단어를 그다지 사용하지 않는 듯하다. '완벽한 업무'라고 하니 소설 〈저격십삼Golgo 13〉의 배경이 떠오른다. 모든 게 사정 범위 이내다. 의뢰받은 일을 확실하게 완수한다. 바람이 불어도, 거리가 아무리 멀어도, 장애물이 있어도, 의뢰받은 일을 확실하게 완수한다. 멋있다. 어른으로서 동경한다. 〈고르고 13〉은 훈련을 하거나 도구인 총에 신경 쓰며 완벽히 일을 완수하기 위한 노력을 간혹 보여주는데, 그 부분에 독자는 매료된다.

이야기가 '완벽'에서 상당히 멀어져 버렸다. 이 책도 완벽을 추구하고 있지만 이렇게 본래 주제인 돈의 이야기에서 탈선해버렸다. 완벽은 이처럼 어렵다.

이제부터 언급할 내용은 사람에 따라 불쾌할 수도 있다. 그러나 부자가 되는 마인드는 결혼하고 나서 배우는 경우가 많다.

결혼하고 싶다고 말하면서, 결혼하지 않는 사람에게는 공통점이 있다. 예전에는 '3고'라는 말이 있었다. '고학력, 고수입, 고신장'인 남성을 바라는 여성도 적지 않았다. 지금도 간혹 볼 수 있지만 말이다. 남성이라면 성격이 좋고, 어리고, 몸매가 좋은 여성을 이상형으로 꼽는 사람도 있다. 여성이든 남성이든 마찬가지다.

상대에게 완벽함을 바라는 사람이 있는 한편, 자신에게 완벽을 바라고 마치 수도승처럼 자신을 갈고닦으며 열심인 사람이 있다. 화장도 완벽히 하고, 요리도 잘하며, 청소도 좋아한다. 그런데 "미혼이에요"라고 말하는 사람도 있다.

결혼에는 타이밍이 있다는 데 동의하고, 결혼하지 않아도 행복한 인생도 당연히 있다고 생각하므로 타인이 이러쿵저러쿵 말할 바는 아니다. 그러나 상대에게 완벽함을 바라거나 자신에게 완벽함을 추구하는 사람이 "결혼할 수 없다"라고 한탄한다면 그것은 목표가 잘못되었기 때문이 아닐까.

그런 사람은 대부분 결혼하는 것을 목표로 하고 있다. 결혼은 단순히 통과점이고 중요한 것은 인생 전반을 통해 행복해지는 것이다. 게다가 잘못된 목표지점을 향해서 상대에게 완벽함을 추구하거나 스스로 완벽해지려는 사람은 결혼이라는 결과를 얻을 수 없다. 기껏해야 "어떻게 저런 사람이 결혼했지?" 하고 푸념으로 끝나는 것이 고작이다.

그건 부자가 되기 위해 실패하지 않는 완벽한 방식을 바란 결과, "어째서 저 사람은 저렇게 부자가 됐지? 내가 더 뛰어난데"라고 말하는 것과 닮았다. 부자가 되는 사람과 그렇지 않은 사람에게는 만사에 대한 접근방식이 다르다. 이는 부자가 되는 아이디어를 실행할 때 기획자와 경영자의 기획 진행 방식의 차이를 보면 참고가 된다.

기획자의 서류는 훌륭히 완성되었고 프레젠테이션도 원활히 이루어졌다. 그전까지 몇 주 동안, 때로는 몇 개월에 걸쳐 플랜을 다듬는다. 그야말로 '완벽'이라고 할 만한 일을 한다. 그러나 그 플랜이 실현되느냐 여부는 상대^{결정권자}에게 달렸다. 기획이라는 업무를 하는 이상 어쩔 수 없지만 어쩐지 허무하다.

뛰어난 경영자는 아이디어도 종이 한 장에 정리한다. 그리고 곧바로 실행 플랜을 짠다. 이때 시간 낭비가 없다. 가령 문제가 있어도 우선 행동을 취하는 것이 그들에게 있어서는 중요한 것이다.

이 이야기는 기획 업무를 바보 취급하려는 게 아니다. 나도 기획 업무를 하고 있기 때문에 알고 있지만, 기획력이 우수한 직원은 너무 완벽을 기하는 경향이 있다. 하지만 그 기획의 의도를 제대로 파악하지 못하는 경우도 있다. 반면에 간단하게 수기로 작성한 경영자의 한 장짜리 기획서 같은 것이 본질에 가까운 경우가 많다. 스피드가 요구되는 현대, 완벽하고 두꺼운 기획서는 더더욱 도움이 되지 않는다. 완벽하게 된 시점에서 이미 오래되어버렸다고 생각하는 게 좋다.

과격한 이야기일지도 모르지만, 결혼을 위해 완벽한 자신을 목표로 하고 완벽하게 된 순간에는 훌쩍 시간이 지나버렸다는 것과 마찬가지다. 완벽을 목표로 해서 행동을 취하지 않는 선택은 돈의 세계에서는 있을 수 없는 일이다. 완벽한 생각, 완벽한 아이디어는 그 시점에서 이미 시대착오라고 생각하면 틀림없다.

어중간하더라도 80% 정도에 달했다면 곧바로 실행해보자. 인풋보다 아웃풋이 중요하다. 자신 안에 쌓아두는 게 아니라 우선 아이디어를 방출해보자. 돈이 필요하다면 은행에 융자를 신청하자. 인터넷으로 투자자를 모집하자. 완벽한 것은 그다음부터다. 외부의 사고에 부대끼면서 아이디어는 돈으로 환원되어간다.

월급을 받아도 늘 투잡이나 재테크를 궁리한다

성실해서 숨이 막힌다면 불성실함의 길을 찾아보세요.

"매일 고기 잡으러 나가는 어부와 가끔 고기 잡으러 나가는 어부, 어느 쪽이 대단하다고 생각해?"

내가 초등학생 때 거실 소파에 앉은 아버지가 내게 불현듯 던진 질문이다. 당시에는 "숙제해라" "양치해라" 등 매일매일 빠뜨리지 않는 게 중요하다고 학교에서도 어머니에게서도 들었다. 그런 초등학생이었으니 당연히 "매일 고기 잡으러 나가는 어부잖아"라고 답했다.

그런데 아버지의 답은 "그래서 너는 안 되는 거야"라고 초등학생 상대로 진지하게 말했다.

"알겠어? 매일 가는 것은 못하는 어부야. 우수한 어부는 바람이나 파도를 읽고 고기를 잡을 수 있을 때만 나간다고."

즉 '머리를 써서 확실하게 기회를 놓치지 말고 살아라, 성실하고 착실하게 사는 것만으로는 세상에서 이길 수 없다'는 메시지를 아버지 나름대로 전했던 것이다. 아버지가 전해준 이 교훈은 내 인생관에 상당한 영향을 끼쳤다.

학교는 학문을 가르치는 동시에 장래 노동자로서 시간 엄수 같은 규칙을 배우는 장소로 여겨진다. 정해진 시간에 학교에 가고, 시간표대로 움직이고, 선생님의 명령을 지키는 훈련은 마치 경영자가 요구하는 '성실한' 노동자 그 자체다.

그렇다고 해서 "말도 안 되는 일이다. 좀 더 자주성을 중요시하는 교육으로 바뀌어야 한다"라고 말할 생각은 없다. 사회질서를 지키기 위한 규칙은 필요하고, 세계에서 인정받는 일본인의 예의를 몸에 익히는 데 학교가 끼치는 영향은 크다고 본다.

하지만 경제가 축소되는 상황에서 '성실하게' 생활하는 것만으로는 당신의 가계도 축소될 뿐이다. 고도경제성장이라고 불리는 시대에는 사회의 경제가 부흥함에 따라 개인의 소득도 점점 올라갔다. 경제가 우상향이던 시대에는 성실함이 보상으로 돌아왔다.

성실하게 일하면 일하는 만큼 급여가 올랐으니까 말이다.

그러나 경제가 축소되는 시대에는 성실함이 좀처럼 보상으로 돌아오지 않는다. 물론 성실하게 일하면 회사에서 잘리지는 않을 것이다. 그렇다고 해서 성실하게 일한 만큼 보상이 돌아오는가 하면, 이는 어렵다고 말할 수밖에 없다.

그렇다면 성실함이 보상으로 돌아오지 않고, 성실함만으로는 조금씩 가난해지는 시대에 어떻게 살아가야 할까? 바로 '불성실하게' 성실해져야 한다.

나는 회사에서는 벽을 등지고 상사도 상대해주지 않는 자칭 '붙박이 사원'이었다. 나름대로 일은 한다고 했지만, 상사에게 외면당하고, 그 이상으로 성실하게 일해도 출세도 급여 인상도 되지 않는 상황이었다. 그때 떠올린 것이 아버지의 가르침이다.

"매일 고기 잡으러 나가는 게 아니다. 바람과 파도를 읽고 고기를 잡을 수 있다고 할 때 고기 잡으러 나가라."

나는 회사의 바람과 파도를 읽고 무엇으로 돈을 벌 수 있을지 필사적으로 찾았다. 자신의 실력, 현재 상황 등을 분석하면서 고기를 잡을 수 있는 장소, 타이밍을 파악한 결과, 부동산 비즈니스를 통해서 고기를 능숙하게 낚는 데 성공한 것이다.

단순히 성실하게 회사 안에서 일했다면 정신적으로도 경제적으로도 무너져버렸을 것이다. 회사로서는 내게 성실하게 일하는 것만을 바랐을 것이다. 하지만 나는 회사가 보기에는 '불성실한'

부업으로 경제적 자유를 얻을 수 있었다.

지금도 성실하게 살아서 숨 막히는 사람을 자주 보았다. 일해도 일해도 생활이 편해지지 않는다.

"성실하게 살아가는데 어째서 나아지지 않을까?"

이런 생각이 들 때가 기회다. 당신의 '성실함'은 회사 시각에서만 성실함이 아닐까? 얼핏 불성실하게 보여도 부업이나 인터넷 판매 등 앞으로 어떻게든 될 것 같다는 것으로 승부를 걸어보자. 당신의 그 성실함을 얼핏 '불성실함'으로 살려보자. 그곳에 돈이 모이게 된다.

건강하게 스트레스를 해소해
활력을 유지한다

충동적인 쇼핑 대신에 산책해보세요.

가을이 되면 일본 각지에서 마쯔리가 열린다. 가을 마쯔리는 쌀의 첫 수확을 축하하며 신에게 감사하는 목적이 대부분이다. 마쯔리에서 지금까지의 힘든 나날을 잊고, 사람들은 음식과 술로 자신을 해방하는 날이기도 하다.

참고 인내하며 담아두고 묻어두었다가 단숨에 자신을 해방한다. 얼마나 기분이 좋겠는가. 쌓아둔 것을 방출한다. 이는 스트레스 발산이고, 인간이 강한 쾌감을 느끼는 행위다. 어렸을 때 높게 쌓아올린 나무를 단숨에 무너뜨리고서 기분이 좋아진 적이 없는가? 그것과 마찬가지다. 쌓아둔 것을 단숨에 방출하는 행위는 상당히 기분이 좋다. 그러므로 돈도 마음도 단숨에 방출하는 마쯔리 날은 옛날 사람들에게 있어서 쾌감이었으리라.

그렇다면 현대는 어떠한가. 지금은 매일이 마쯔리 같다. TV는 매일 떠들썩하다. 거리는 마쯔리 기간인 것처럼 자극이 넘쳐난다. TV나 인터넷의 광고도 어떻게든 돈을 쓰게 하는 장치가 수두룩하다.

옛날 일본인은 힘든 생활을 견디고 진짜 며칠뿐인 마쯔리 날에 자신을 해방하면 충분했을지도 모른다. 하지만 현대 일본인은 스트레스를 견디는 힘이 상당히 부족하다. 마음에 담아둔 스트레스는 곧바로 없애버려야 한다.

이 스트레스가 가난에 이르는 큰 원인이 된다. <u>스트레스와 어떻게 친해질지는 당신이 부자가 될지, 가난의 판을 구를지를 나누는 길</u>이라고 해도 과언이 아니다.

현대의 스트레스 해소 방법으로 가장 문제가 되는 것이 낭비다. 이른바 충동소비다. 생활에 필요하지 않은 것까지 사버리는 것이다. 낭비는 스트레스로 생기는 마음의 상처를 메꾸는 수단이 되었다.

마쯔리로 단숨에 마음을 해방하는 것처럼 돈을 낭비해서 쾌락을 얻는다. 이것이 가끔이라면 괜찮다. 하지만 "상사에게 혼났다" "지하철에 사람이 많아서 시달렸다" "애인과 싸웠어" 등 일상적이고 사소한 일본인에게는 사소한 일이 아닐지도 모르지만 로 스트레스를 받아서 쇼핑해버린다. 끝내는 쇼핑 의존증이 되는 사람도 있다.

그러면 가난의 판을 구르지 않기 위해서 스트레스와 어떻게 친해지면 좋을까. 이런 사람은 스트레스에 약한 것을 자각한 후에 스트레스가 쌓이지 않도록 하는 게 중요하다. 스트레스 발산은 머리를 개운하게 하는 것만으로는 어렵고, 몸을 움직이는 것이 좋다. 한 미국 연구기관의 실험에서는 주 3회 30분 이상 유산소 운동을 하면 스트레스가 줄어든다는 결과가 나왔다.

부자는 이 스트레스와 친해지는 방법이 실로 뛰어나다. 다시 말하면 부자는 스트레스와 잘 지내서 인생을 더욱 충실하게 만든다. 매일 산보나 조깅으로 몸을 움직이거나 주말은 골프를 하는 등 몸을 써서 스트레스를 해소하기 때문에 점점 활력이 끓어오르는 선순환이 생긴다. 낚시나 등산 등으로 맘껏 스트레스를 발산시키는 사람도 있다.

부자는 스트레스 발산을 통해 플러스 순환을 더욱 상승시킨다. 이것이 낭비 같은 마이너스 순환에 빠지는 가난한 사람과의 큰 차이다. 그중에는 술이 스트레스 해소법이라면서 매일 밤 마시는 부자도 많았다. 다만 이런 사람은 말년에 건강을 해치는 사람이 많다. 건강뿐만 아니라 가정도 이상해진 사람을 많이 알고 있다.

오래 부자로 있으려면 역시 건강한 방식으로 스트레스를 발산하는 것이 좋으리라.

붐비는 출근길에서 받는 스트레스, 잘못된 정보로 받는 스트레스, 사람이나 자전거를 피하면서 걷느라 신경 써서 받는 스트레스, 스트레스 해소를 하려고 한 게임으로 받는 스트레스 등 평범한 일상 속에서도 우리는 마음에 스트레스가 쌓이게 된다. 그러므로 스트레스와 어떻게 친해질지는 가난과 부자로 크게 갈리는 길이다. 스트레스를 느꼈다면 우선 몸을 움직여보자.

만취도 자아도취도
허용하지 않는다

취해서 돈에 대한 판단을 하는 것은 그만두세요.

술을 마시면 즐거워진다. 술을 마시는 사람이라면 알 테지만, 필름 끊기기 전쯤이 기분 좋게 취해서 가장 즐겁다. 나도 학창 시절에는 필름이 끊길 정도로 마셨는데, 최근에는 그렇게 마시는 방법을 완전히 그만두었다. 젊었을 때의 경험으로 조금 마셔야 다음 날 몸 상태까지 포함해서 전체적으로 즐겁다는 것을 알고 있기 때문이다.

취하는 행위는 뇌와 신체를 마비시켜 쾌락을 가져온다. 그러한 작용의 관점에서 보면 '술'과 '돈'은 실로 관계가 깊다. 예부터 사회인이 신용을 잃는 것으로 '술, 여자남자, 돈'이라고 했다. 이성 문제, 빚, 횡령, 도박, 술자리에서의 폭언, 술로 건강을 해치는 등 '술, 여자남자, 돈'으로 회사를 잘린 사람 혹은 출셋길에서 멀어진 사람은 내 주변에도 여럿 있다.

최악은 품고 있는 문제로부터 시선을 돌리기 위해 술을 마시며 피하는 패턴이다. 이 패턴에 빠지면 좀처럼 헤어 나올 수 없다. 내가 아는 경영자는 회사가 힘들어지기 시작하면서부터 술의 양을 늘렸고 끝내는 아침부터 마시게 되었다. 결국 회사는 도산했다. 그쯤에는 술로 몸을 손상시켜 사회복귀에도 시간이 걸리는 상태가 되었다. 술이 재기의 기회도 빼앗은 것이다.

상당히 오래된 영화가 되었지만, 성룡 주연의 〈취권〉이라는 작품이 있다. 영화에서는 취하면 취할수록 강해지는 '취권'을 마스터한 성룡의 쿵푸가 코믹하게 그려진다. 이 '취권'은 만취하면 감각이 마비되는 점을 살려서 맞아도 아프지 않은 강점이 있는 쿵푸다.

취할수록 강해진다. 취기가 오르면 회사에 대한 불만, 넓게는 정치나 스포츠에 이르기까지 퍽퍽 쓰러뜨릴 것처럼 구는 사람을 볼 수 있다. 취하는 행위는 결코 술이 없으면 이루어질 수 없다.

하지만 '자아도취'라는 말이 있는 것처럼 자신의 말에 취하는 사람도 있다. 경영자 중에는 자신의 말에 취해서 말이 길어지는 유형의 사람이 있는데, 기본적으로 취하는 유형의 사람은 잘 안 풀리는 경우가 많다. 회사 선배 중에도 있을 것이다. 말하면 말할수록 자신에게 취해서 말이 길어지는 사람 말이다. 아주 민폐다.

술에 취해서 일하는 것은 말도 안 되지만, 자신에게 취해서 일하는 것도 위험하다. 이는 일이 순조로울 때 일어나기 쉽다. 때로는 자신에게 취해서 감각을 마비시켜 괴로운 업무를 단숨에 돌파하는 것도 필요하지만, 취한다는 감각은 보통 상태가 아니므로 오래가지 않는다.

경영이나, 주식이나, 부동산 투자에서 '취하는' 행위는 엄격히 금지한다. 어쩌다 잘 풀린다고 해서 자신에게 취하면 안 된다. 음주운전이 허용되지 않는 것과 마찬가지로 자신의 인생에서도 취해서 돈을 움직이는 것은 엄격히 금지한다.

"어쩌다 좋은 일이 있기 때문에 도박이나 술은 끊을 수 없어" 이는 한 심리학자가 알려준 것이다. 어쩌다 잘 풀린 일에 사람은 취하기 쉽다. 어쩌다 잘 풀린 가게인데 다수의 점포를 열어 실패한 사람, 어쩌다 잘 풀린 주식으로 다음에 더 많이 벌려다 큰 손해를 본 사람이 있다. 잘 풀릴 때일수록 그것에 취하지 않는 것이 중요하다.

부자는 술에도 취하지 않는다. 내 주변에도 몇 명의 우수한 경영자가 있는데 술을 마시는 방식이 현명하다. 당연하겠지만 정신을 잃을 정도로 마시지 않는다. '마시지 않기'가 기본인 경향이 있다.

물론 부자는 비즈니스 판단을 할 때도 절대 취하지 않는다. 과거의 성공에 취한다거나 주변에서 치켜세우는 대로 판단하는 것의 위험함을 아는 것이다. 참고로 '치켜세우는 것'은 사람의 마음을 취하게 만든다. 옷이라도, 집이라도, 주식이라도 '치켜세워서' 사도록 하는 수법에 주의해야 한다.

취하지 않으면 할 수 없는 일도 있을지 모른다. 돈에 있어서 중요한 승부처일 때는 자기의 생각에 취해 감각을 마비시켜서 돌파하지 않으면 안 될 때도 있으리라. 그러나 기나긴 인생에서 성공하려면 취하지 않는 것이 중요하다. 취기는 평소 자신 이상의 힘을 발휘시킬지도 모르지만, 그 반동도 있음을 알아야 한다. 술에 취하는 것도, 자신에게 취하는 것도 적당히 즐기도록 하자.

'나에게 주는 포상'이 잦으면
자극이 없어진다

자신의 작은 노력에 포상하는 일을 그만두세요.

맥주를 좋아하는 사람이라면 퇴근 후 마시는 맥주 한 잔의 맛을 참을 수 없을 것이다. 한잔하는 순간 "후! 이 맛에 일하지!" 하고 얼굴이 풀어진다. 어쨌든 열심히 한 후에는 어떠한 포상을 바라게 된다. "열심히 한 내게 주는 선물을 샀어" 같은 말을 종종 듣는데, 이 또한 퇴근 후 마시는 맥주 한 잔과 같은 맥락이리라.

포상이 있기 때문에 동기부여가 되고, 힘든 업무를 견딜 수 있다는 사람이 많다. 그러나 말의 코앞에 당근을 매달아서 달리게 만드는 것처럼 사람은 포상이 있어야 일을 제대로 할까?

중요한 프로젝트가 성공했다면 축하하고 싶다. 그것은 이해한 다. 긴 시간에 걸쳐 도달한 일을 축하하는 행위에 꼬투리를 잡을 생각은 없다. 나도 내가 낸 기획이 채택되거나 땅을 찾아 아파트 기획을 세워 투자를 받아 무사히 완성하면 기쁘다. 하지만 자신 에게 포상해야겠다는 생각은 신기하게도 한 번도 한 적이 없다.

자신에게 주는 포상이라고 하니 한 가지 떠오른 일이 있다. 얼 마 전 지인이 여러 개의 봉우리를 걷는 등산에 나를 데려간 적이 있다. 나는 등산 초보다. 조금 오르고 쉬고, 또 조금 오르고 쉬며 겨우 정상에 오른다. 모처럼 정상에 도착했으니 사진도 찍고 싶 고 차도 한잔 마시며 한가로이 쉬고 싶은데, 지인은 곧바로 다음 봉우리를 향해 걸어가고자 했다. 주변에 있던 등산객도 가볍게 사진을 찍더니 바로 다음 봉우리에 가는 것이다.

'등산해서 뭐가 재미있을까?'라고 생각했지만, 여러 개의 봉우 리를 걷고 무사히 하산한 후 집에 가는 지하철에 타고 나서 깨달 았다. "집을 나와서 힘들게 산에 올라 무사히 집에 돌아가고 있다. 이것이야말로 인생과 닮지 않았는가"하고 말이다. 그러 한 깨달음과 함께 서서히 등산의 매력에 수긍하게 됐다.

인생은 때때로 등산에 비유된다. 지인은 등산에 익숙한 사람이 라 정상을 즐기지 않은 것이지, 정상에 도달하는 데 질린 것은 아니리라. 분명 산의 정상에 서기까지의 길이나 내려가는 길까지도 즐겼다.

정상에 도착해서 크게 기뻐하지 않는다는 것은 부자가 되고 싶은 사람에게 있어서는 중요한 포인트다. 조금 잘 풀렸다고 해서 포상을 준다. 그것도 자신이 스스로에게 포상을 주는 것은 말도 안 된다. 그 산의 정상에서 다음의 정상을 목표로 하고 나아가는 것이 부자다. 하나의 정상에 만족하지 않는다. 욕심쟁이라고 할지도 모르지만, 만족한 후에는 떨어지는 일만 남았음을 알기 때문이다.

기본적으로 가난에 빠지기 쉬운 사람은 스스로에게 무르다. 아주 사소한 일로 자신이 애썼다고 여기기 십상이다.

"오늘은 잔소리가 심한 상사가 하는 말에 인내하느라 애썼으니 포상을 해야겠어."

"어쨌든 기한 내에 서류 작성을 했으니 포상을 해야겠어."

스스로에게 무른 평가로 현실을 회피한다. 자기 자신에게 무른 사람은 휴가도 포상이라고 생각한다. 일주일은 월요일부터 금요일까지 열심히 일하고 주말은 포상으로서 노는 것이라며 펑펑 논다. 즉 주말을 열심히 일한 자신에게 포상이라고 생각하기 때문에 주말 동안 완전히 리셋을 해버려서 좀처럼 업무가 진척되지 않는다.

"월요일부터 일해야 해. 적당히 힘쓰고 주말에 놀자" 하고 주말을 평일의 고행을 견딘 자신에게 주는 포상으로 삼고 있지 않은가. 이에 대해서 일요일이 시작이라고 생각하는 사람은 지난주의 여력을 남겨두고 다음 주로 옮겨가기 때문에 업무 실적이나 경험이 끊어지질 않는다.

포상을 계속 주게 되면 자극이 없어진다. 더욱 강한 자극을 바라든지, 포상에 질려버리든지 둘 중 하나다. 조금 애쓴 정도로 포상을 주는 버릇이 있는 사람은 주의하자. 돈을 쓰게 되고, 포상 없이는 일하기 싫어질 우려도 있다.

작은 일에 만족을 느끼게 되면 큰 단계로 나아갈 수 없다. 현 상황 유지가 고작이리라. 축제가 끝난 후에는 쓸쓸함이 찾아온다. 이와 마찬가지로 포상 후에는 어쩐지 공허함이 찾아온다. 부자의 길을 나아간다면 담담하게 가자. 우선은 스스로에게 포상하는 버릇을 그만두자.

시댁이든 친정이든 오가는 돈이 없을수록 내 가정이 화목하다

가족을 금전적인 시각으로 파악해보세요.

소설이나 TV에서 대개 부자는 친구나 가족과도 소원한 채 고독한 모습으로 그려진다. 또 부유한 집안에서는 유산상속을 둘러싸고 가족이 옥신각신했다는 이야기도 자주 들린다. 최근에는 '상속 싸움을 그만두다' 같은 내용의 책이나 잡지 특집도 볼 수 있을 정도다.

한편 돈이 없어도 사이좋게 사는 가족을 아름다운 가족 형태로 다루는 TV 프로그램을 볼 수 있다. 가족 간 사이가 좋은 것이 제일이라는 주제로 프로그램이 구성된다. 이런 TV 프로그램이 자주 보이는 것은 돈보다는 가족의 화목이 제일이라는 내용을 사회가 더 위화감 없이 받아들이기 때문이다.

회사원으로 높은 연봉을 받아도 저축이 거의 없는 가정이 있다. 물론 주택담보대출이 많기 때문이기도 하겠지만 의외로 교육비 지출이 과해서 돈을 모을 수 없다는 가정이 많다. 학원, 수영, 영어회화 등 정규교육 외의 공부를 시키고 대학교까지 사립에 진학하게 되면 저축은 거의 할 수 없다. 게다가 비참한 것은 40세 넘어 결혼하고 아이가 대학을 졸업할 때쯤 자신은 퇴직한다. 결국 아이의 교육비에 돈이 너무 많이 들어서 자신의 노후자금을 모으지 못해 '노후파산'이라는 현실을 맞는 것이다.

학원을 보내고 훌륭한 사립학교에 보내고 자녀와 보내기 위한 시간도 쪼개서 그야말로 돈과 시간도 모두 자녀를 위해 소비했는데, 정작 자녀는 대학을 졸업하면 집에는 발을 끊고 말도 듣지 않는다.

이렇게 말하면 앞으로 결혼이나 육아를 할 생각인 사람은 가정을 가지는 게 큰일이라고 걱정할지도 모른다. 결혼이나 육아는 큰 일 맞지만 즐겁다. 다만 <u>가정이 즐겁게 유지되려면 돈에 대해서 냉정하게 가족과 거리를 두는 게 중요하다고 말하고 싶다.</u>

사람에게 있어서 행복과 불행을 좌우하는 가장 중요한 요소로 가족과의 관계가 있다. 아무리 곤란해도 가족이 단결하면 괜찮다고 말하지만 실제로 돈에 좌우되는 경우가 많다. 역시 돈이 없으면 가족과의 관계도 원만하지 않고 문제도 발생한다. 돈이 있으면 행복을 안정시켜 굳건히 하는 데 큰 도움이 된다.

가정을 꾸릴 때 화목한 가정을 지향하는 것은 당연하다. 하지만 가난의 판을 구르는 가정은 이 가족의 화목함만을 지향하고 가정의 행복에 기초가 되는 돈에 대해서는 그다지 생각하지 않는다. 앞에서 언급한 교육비도 그렇다. 얼핏 보면 애정이 가득한 부모로 보일지도 모른다. 그러나 노후에 돈이 없어서 자식에게 의지하는 부모를 자녀가 과연 어떻게 생각할까? 그것이 가족에 쏟은 애정의 결과라고 하면 씁쓸하기 짝이 없다.

부부 사이도 그렇다. 내 지인 중에 맞벌이하는 가정은 서로 수입이 얼마인지 몰랐다. 공동계좌에 정해진 금액을 넣고 나중에 남으면 각자 자유롭게 사용했다. 두 사람의 자녀에게 씀씀이가 좋아서 행복한 가정으로 보였지만, 결혼 10년 만에 남편에게 고액의 대출이 있음이 밝혀졌다. 아내에게 따져 물어보니 사실 아내도 친정에 돈을 빌린 적이 있음을 알게 됐다. 이전까지는 서로 상대가 돈을 모으고 있겠거니 했는데 그 반대였던 것이다.

서로 돈에 대해서 간섭하지 않는 것이 화목해지는 비결이라고 믿었는데, 그것이 잘못이었다. 이후로 그들은 월급을 하나의 계좌에 넣고 각각 용돈제로 바꾸었고, 그러자 돈이 점점 모이고 있다고 한다.

한마디로 가족이라고 해도 여러 가지 연결 형태가 있다. 독신이라면 자신의 부모나 형제자매와 연결되고, 결혼했다면 배우자나 자식 그리고 배우자의 부모 등 연결이 점점 늘어난다. 가족에게 얽힌 돈은 교육비뿐만이 아니다. 부모가 나이가 들면 간호 비용도 생각해야 한다. 당연히 더 멀리 보면 상속 따위도 혹독하게 직면하게 된다. 나는 몰랐던 빚 상속으로 큰일을 겪었다.

"가족이니까 돈 걱정을 시키고 싶지 않다" "가족이 화목한 게 제일이고 돈은 그다음이다"와 같이 가정에서 돈을 화제로 삼는 일은 적을 것이다. 돈 이야기를 해서 가족 사이를 서먹하게 만들고 싶지 않다고 생각할지도 모른다.

다시 말하지만, 행복한 가정을 오래 지속하려면 금전적인 시각으로 바라보았을 때 안정성이 없어서는 안 된다. 이를 위해서는 가족을 냉정하게 바라볼 수 있어야 한다. 즉 너무 달라붙지 않도록 적당한 거리가 필요하다. "교육비에는 얼마까지만 쓴다" "부모 간호는 누가 맡고 얼마가 든다"와 같이 가족의 라이프 플랜을 냉정하게 세우는 것이 중요하다. 단순히 서로 사랑하고 사이가 좋다는 것만으로는 가난의 바닥에 뼈를 묻게 될지도 모른다.

07

비만과 가난의
상관관계를 고찰하다

마음과 몸은 서로 닮은꼴입니다. 살찌는 생활습관을
그만두고 마음도 몸도 늘씬하게 관리해보세요.

"마흔이 된 사람은 자신의 얼굴에 책임을 져야 한다."

이는 어떤 남성의 채용을 거절할 때 미국 대통령 링컨이 한 말
이다. 얼굴에는 속마음이 드러난다. 링컨은 얼굴에 드러나는 신호
로 그 사람의 성질을 간파한 것이리라.

마음의 상태는 자연히 겉으로 드러난다. 그 신호의 하나가 비

만이다. 일본의 옛날이야기에서도 서양의 동화에서도 부자는 뚱뚱하게 묘사된다. 나도 어렸을 때 참여한 학예회 연극은 부잣집에 사는 뚱뚱한 생쥐와 가난한 집에 사는 마른 생쥐를 소재로 한 것이었다.

그런데 최근 미국이나 일본 같은 경제선진국에서는 경제적으로 여유가 없는 사람이 살찌고, 여유가 있는 측이 건강한 표준체중을 유지한다는 역전현상이 일어나고 있다. 비만제국 미국에서는 싸고 높은 칼로리의 감자튀김이나 햄버거로 대표되는 패스트푸드를 많이 먹는 저소득계층에 비만이 많다고 한다.

몸의 생활습관 질병의 대부분은 비만이 원인이다. 나는 마찬가지로 마음의 '내장지방형 비만'이 가난의 원인이 된다고 생각한다. 그러므로 행동을 바꾸고, 습관을 바꾸고, 몸을 바꾸면 마음도 바뀐다. **몸이 탄탄해지면 자연히 마음도 가벼워지고 지출도 마찬가지로 줄어든다.**

당신의 가난은 오랜 시간과 많은 돈을 들여 완성된 생활습관 질병이다. 극약을 사용해도 일시적인 변화일 뿐이고 곧바로 예전으로 돌아간다. 요요인 것이다. **생활습관을 바꾸는 체질 개선 없이 어찌 '가난 성질 개선'을 할 수 있겠는가.**

가난은 생활습관 질병이자 전염병이다. 비만 경향이 있는 부모의 식생활에 아이가 영향을 받아 아이도 비만인 가정이 많다. 마찬가지로 돈이 없는 부모의 생활습관을 아이도 물려받게 된다면 걱정이 아닐 수 없다. 가난의 대물림을 방지하는 것이 사회의 과제 중 하나가 되었다. 당신이 가정을 꾸렸다면 돈이 없어지는 생활습관을 근절해보자.

재미있는 연구 결과가 있다. 오사카대학의 연구팀이 2005년에 실시한 설문조사에서 주택담보대출을 제외한 빚이 '있다' '없다'와 비만도의 관계를 조사했는데 '빚이 있는' 그룹에는 남녀 모두 비만인 사람이 많았다.

이 조사와 관련해서 오사카대학 사회경제연구소의 이케다 신스케池田新介 교수는 "비만은 경제학으로 보면 '빚' 그 자체이기 때문이다. 먹는 재미를 우선함으로써 짊어진 건강상의 '빚'이라고 할 수 있다. 결과적으로 중략 장래 질병 위험을 짊어지고 '이자'를 지불하게 된다"라고 서술했다잡지〈프레지던트 プレジデント〉 2009년 1월 12일호.

또 이케다 신스케 교수는 비만 체질인 사람의 어느 성격이 비만을 심하게 만든다고 했다.

그것은 바로 '뒤로 미루는' 성격이다. 이대로 비만인 채로 있으면 건강상으로도 경제적으로도 좋지 않음을 알면서도 과식을 멈추지 못하고 운동의 괴로움도 피하는 성격 말이다.

이상의 일을 따져보면 빚을 짊어지기 쉬운 사람은 '뒤로 미루는' 성격이 있다고 할 수 있다. 하지 않으면 안될 일도 "됐어. 나중에 하자" 하고 뒤로 미룬다. 쾌락을 우선하다 보니 괴로운 일, 해야 할 일을 나중으로 미룬다. 이것이야말로 가난의 주요 원인이 된다.

한편 부자는 늘씬한 사람이 많다. 자기관리가 확실한 사람은 돈도 확실하게 관리한다. 살찌면 건강 면에서도 위험하고, 무엇보다도 마음이 뒤룩뒤룩 내장지방형 체질이 되면 돈이 칠칠치 못하게 새어나간다는 것도 알고 있다. 가난은 전염병이라는 측면도 알고 있기 때문에 부자의 집은 아이의 금융 교육도 제대로 하고 있다.

몇 대에 걸쳐 부자인 집일수록 아이에게 쓸데없이 돈을 주지 않는다. 몸 관리와 돈 관리의 근저에 있는 심리는 마찬가지다. 마음의 다이어트로 지방도 쓸데없는 지출도 해결해보자.

돈의 무서움을 아는 사람은
1원의 오차도 놓치지 않는다

자신의 지금 상황을 확실히 파악하세요.

돈은 섬세하고 소중하게 다루세요.

부자는 종종 "나를 믿고 따라와라!" 하고 몸소 보여주듯 주변을 잘 챙기며 소소한 일을 신경 써주는 유형으로 그려진다. 하지만 이는 부자 중 일부만 부각시켜 표현한 것이라고 생각한다. 이런 영웅전설 주인공에게나 필요할 것 같은 용기가 부자에게 필요한 조건일까? 내 경험상으로는 아닌 듯하다.

예를 들어 사이고 다카모리西鄕隆盛라는 사람은 우에노 공원에 있는 다카모리 동상으로 잘 알려져 있다. 보기 좋은 풍채에 걸맞게 호방함 그 자체였다. 또한 일본 역사에 남을 영웅이다. "나한테 맡기면 뭐든 괜찮다니까!" 같은 풍모였지만 젊었을 때는 오늘날의 경리 업무를 했다고 한다. 그러므로 숫자에 강했다. 사이고 다카모리가 실제로 소소한 일까지 신경 써주는 사람이라는 것은 그리 널리 알려지지 않았다.

역사를 움직이려면 사람이나 물건을 대규모로 움직이지 않으면 안 된다. 이런 점에서는 숫자에 강한 면이 상당히 도움이 되었을 것이다. 사이고 다카모리뿐만이 아니다. 내 주변의 사장들이나 부동산으로 재산을 축적한 사람도 모두 숫자에 강하다. 소소한 부분까지 놓치지 않는다. 수첩 안에도 숫자로 빼곡하다. 부자가 되는 사람은 섬세한 감각을 지니고 있다. 회사의 부문별 매출도 이미 기록해두고 있다.

"그렇게까지 하지 않아도 회사의 경리가 숫자에 대해서는 이미 알고 있을 텐데" 하고 생각할지도 모르겠다. 하지만 이는 잘못된 생각이다. 숫자의 소소한 부분까지 본인 스스로 이해하고 있어야 그 앞에 있는 회사의 미래나 개선점이 보인다.

교세라 창업자이자 명예회장인 이나모리 가즈오稲盛和夫는 숫자를 보면 이상한 점이 한눈에 보인다고 했다. 그야말로 '경영의 신'이라 불릴 만하다. 경영까지는 아니라도 적어도 자신이나 가정의 가계 정도는 이 경지에 올라야 한다.

한편 내 주변에 있던 가난한 군단은 전혀 달랐다. 이상한 숫자가 서류에서 한눈에 들어온다는 이나모리 가즈오와는 정반대였다. 어떤 숫자도 보지 않았다. 대출금이 아무리 늘어나도 저축 잔고가 전혀 없어도 신경 쓰지 않았다. 정말로 소소한 숫자를 신경 쓰지 않았다. 돈이 없으면 호방하게 빌려서 메꾸었다. 이처럼 소소한 숫자를 신경 쓰지 않기 때문에 자신이 대범한 사람이라고 착각에 빠지는 것도 어쩔 수 없다.

가난한 사람이 결정적으로 위기에 빠지는 한 수는 무엇일까? **그것은 바로 빚으로 빚을 돌려막는 것이다.** 빚으로 빚을 돌려막기 시작하면 거의 틀림없이 원래대로 돌아갈 수 없다. 단언컨대 개인이라면 개인파산, 회사라면 도산으로 줄달음친다.

빚을 갚을 수 없을 때의 행동으로 두 갈래의 길은 확연하게 차이가 나게 된다. 하나는 반전해서 부자로 향하는 길이고, 나머지 하나는 가난으로 가는 지름길이다.

가난한 사람일수록 어떤 의미로는 호방한 방법을 취하기 십상이다. 자주 있는 경우가 갚을 빚의 액수를 높게 빌리는 것이다. 이 필요한 액수보다 많이 빌리는 것이 가난한 사람들의 특징이다.

필요한 액수보다 더 많이 빌리는 이유는 "앞으로 무슨 일이 있을지도 모르니까"라고 생각해서다. 그래서 '가난한 사람은 호방하다'라고 표현했다. 빚으로 무너지기 전까지는 정말로 호방하게 보인다. 이는 단지 자신의 현재 상황을 잘 모르기 때문이다. 그리고 상상력이 부족해서 얼핏 호방하다고 여겨지는 행동을 취하는 것이다.

반면 '부자는 섬세하다'라고 표현했다. 돈에 있어서 섬세한 것은 돈의 무서움을 알고 있기 때문이다. 지금 지갑에 얼마 들어 있는지, 저축이 얼마나 있는지, 이번 달에 얼마나 사용했는지 알고 있다.

돈을 가지고 있는 사람은 돈을 섬세하고 소중하게 다룬다. 돈의 무서움을 알고 있을 뿐만 아니라 돈을 섬세하고 소중하게 취급하면 몇 배가 되어서 돌아온다는 것도 알기 때문이다.

마지막으로 호방하게 보이는 사람을 주의하면 좋겠다. 그 호방함의 이면에는 질척한 빚이 달라붙어 있을지도 모른다. 곁에 있다가 휩쓸릴지도 모르니 주의하기를 바란다.

타인의 속도가 아닌
내 속도로 나아간다

'바쁨'을 그만두고 마이 페이스로 살아보세요.

"가난한 사람은 쉴 틈이 없다"라는 말이 있는데, 가난한 사람이 실제로 바쁘고 분주한 것은 지금도 옛날도 변하지 않은 듯하다. 바빠져서 급여가 올랐다거나 출세해서 평생 임금^{정년퇴직까지의 급여 총액과 퇴직금의 합계}이 올라 유복하게 된 것은 경기가 좋았던 시절의 이야기다. 최근에는 일본뿐 아니라 전 세계에서 바쁨의 결과가 돈과 연결된다는 공식이 성립되지 않는 듯하다.

일본 사회는 1960년대의 고도 경제 성장시대에 성실하고 바쁘게 일했고 그 결과 회사는 성장했다. 더불어 개인은 급여가 올랐고 유복하게 되었다. 이런 강렬한 경험이 있다. 그러므로 지금까지도 "바쁘게 일하는 건 바람직하다"라는 신화가 남아 있는 것이다. 전쟁에 패배하고 한순간에 나락으로 떨어진 나라가 세계 제2위의 경제 대국에 올라갔기 때문에현재는 세계 제3위 사회 전체가 "바쁘게 일하는 건 바람직한 일이다"라는 사고에서 벗어나지 못하는 게 당연할지도 모른다.

그런데 최근에서야 간신히 '바쁨'은 좋지 않은 게 아니냐는 말이 나오기 시작했다. 국가는 '바쁨'에서 오는 장시간의 노동이 개인뿐 아니라 일본 전체의 이익에서도 좋지 않음을 깨달은 것이다. 당신은 '바쁜 자신'에게 취해 있지 않은가?

회사원이든 프리랜서든 젊었을 때는 자신이 바쁜 것은 주변에서 자신을 의지하기 때문이라고 생각하기 쉽다. 신입사원 시절에는 선배나 상사에게 영문을 알 수 없는 일로 휘둘려서 바쁘다가 그 시기가 지나면 서서히 자기 자신의 일로 바빠진다.

"아, 바쁘다, 바빠"라고 말하면서 어쩐지 자신이 필요한 존재가 된 듯한 기분에 취해버린다. 하지만 그 '바쁨'이 수상한 놈이다. 바쁠 때는 자신의 페이스를 잃어버리고 만다. "내가 없으면 회사가 돌아가지 않아"라고 생각하는가? 유감이지만 그럴 리가 없다. 바쁠 때는 그렇게 생각하게끔 만들어서 분발하도록 하는 것뿐이다. 회사는 회사라는 조직이 살아남기 위해 활동을 한다. 조직을 희생해서까지 일개 개인의 행복을 돌봐주지 않는다.

"자신은 스스로 지킨다"라는 것은 회사 내에서 뿐만이 아니다. 인생을 살아가는 데 철칙인 것이다. 지금까지 우수한 사람이 열심히 일했음에도 불구하고 40대 후반에는 회사의 짐짝 취급을 받은 사례를 여러 차례 보았다. 심지어는 구조조정을 당하기도 했다.

'바쁨'은 이상한 놈이라고 적었는데, 바쁠 때는 주변이 보이지 않는다. 자신이 처한 상황을 생각할 여유조차 없는 상태다. 바빠서 사랑하는 사람이나 가족의 마음에 신경 쓰지 못한다. 바빠서 자신의 기술이 시대에 뒤처지고 있다는 것을 눈치채지 못한다. 바빠서 자신의 몸에 이상이 있음을 알아채지 못한다. 바쁠 때는 당신의 인생이 어딘가에서 균형이 무너지기 시작했을 것이라고 보아도 틀림없다. 장기간에 걸쳐서 바쁠 때는 가난의 바닥을 구르기 시작한 상태일지도 모른다.

한편 부자는 마이 페이스다. 이렇게 표현하면 "부자이기 때문에 마음 편히 할 수 있는 게 아닌가"라고 말할지도 모르겠다. 하지만 부자니까 자신의 마이 페이스일 수 있는 것이 아니다. 자신의 계획대로 끌고 가기 때문에 부자가 된 것이다.

마이 페이스라고 하면 천천히 다른 사람에게 맞추지 않는다고 생각할지도 모른다. 하지만 그렇지 않다. 여기에서 말하는 마이 페이스는 '성공하는 자신의 페이스'로 살아간다는 의미다.

바쁜 사람의 과반수는 자신의 페이스대로 사는 것 같지만, 회사나 주변의 사정에 조종당한다. 이는 '마이 페이스'가 아니다. 부자는 자신이 이기는 페이스를 알고 있다. 그것은 그야말로 마라톤 선수가 자신의 페이스를 제대로 지켜 이기는 모습과 닮았다. 바쁜 사람은 무리하게 선두집단에 들어가서 페이스를 잃는다. 끝내는 기권해버리는 아마추어 선수와 같다.

회사원은 스스로 페이스를 만들려고 해도 어차피 회사의 페이스 안에서 일하는 것에 불과하다. 이는 자신의 인생을 타인에게 맡기는 것과 같다.

애플 창업자 스티브 잡스의 말 중 "타인의 인생을 사는 것으로 시간을 허비해서는 안 된다"라는 게 있다. 마이 페이스는 자신이 자신의 인생을 스스로 책임을 지며 성공시킬 수 있는 페이스다. 바쁜 상태는 타인의 인생에 휘둘린다는 증거다. 부자가 되기 위해서라도 자신이 승리하는 마이 페이스로 살아가는 게 어떨까.

세금은 '부당하게 뺏기는 돈'이 아니다

공과금, 세금을 기쁘게 내보세요.

　사람은 생활이 어려워지면 어떤 것에 돈을 쓰기 싫어하는지 아는가? 술이나 담배 등 기호품 비용? 식료품비? 자동차 주유비용? 실은 생활이 어려워지면 전기세, 수도세, 가스비 등 공과금이나 세금을 미루고 싶어 한다. 그 이유는 무엇일까.

　내가 소유한 빌딩에 입주해 있던 회사는 공과금 체납이 일상이었다. 금융기관이나 사원의 급여를 내고, 다음은 시끄러운 순서로 지급하는 방식이었다. 당연히 전기, 수도, 가스는 끊기는 수가 있고 세금은 압류라는 무서운 수단이 있다.

그렇다고 해도 생활을 지키고 싶다는 생각 때문인지 공공기관은 민간업자에 비해 독촉이 물렀다. 가난의 바닥으로 굴러떨어지는 것을 막는 기준이 있다. 그것은 전기세, 수도세, 가스비 등 공과금이나 세금 같은 공公. 사회社會에 대한 돈을 우선하는 것이다.

공공의 돈을 갚지 않는 것은 특히 무리한 지출이 있든지, 낭비를 하고 있든지 둘 중 하나다. 게다가 자신에게 어느 정도 벌이가 필요한지 알 수 있다. 아무리 노력해도 공과금을 낼 수 없을 때는 가난이 아니다. 그것은 빈곤이다. 스스로 열심히 하는 것뿐만이 아니라 사회의 도움이 필요한 때다. 그렇게 되면 주변에 돈을 빌리는 게 아니라 사회적인 창구에 상담할 때다. 이처럼 공공의 돈과의 관계에서 가난의 바닥으로 내려가지 않는 방도가 보인다.

전기, 수도, 가스는 사용한 만큼 평등하게 청구되고, 세금은 정해진 규칙에 따라 액수가 정해진다. 일본이라는 사회 안에서 살아간다면 규칙 안에서 살아가는 것이 당연하다. 보통의 회사원이라면, 부자의 길을 걷기 시작하여 투자 등으로 이익을 얻게 되면 '세稅'와 어떻게 마주할지는 중요한 과제가 된다. 타이밍, 시기, 무엇에 어느 정도의 세가 부과되는지를 모르면 큰 손해를 보는 경우가 많다.

대부분의 사람은 세금이라고 하면 마치 부당하게 돈을 빼앗기는 것처럼 억울한 얼굴을 하는데 그러면 크게 벌 수 없다. 내가 아는 경영자는 세금을 내기 위해 일한다고 당당하게 말한다. 물론 이 기업은 순조로이 사업이 커졌고 지금까지 한 번도 적자결산을 한 적이 없다는 것을 자랑한다. 이 모습은 미국의 대부호가 흔쾌히 기부하는 모습과도 겹친다.

세금 내는 것을 기쁨으로 삼는다. 여기에 부자가 되는 힌트가 있다. 일본은 미국처럼 기부 문화가 정착되지 않았다. 미국에서는 기부하는 것으로 사회에 기쁨을 주면, 그것은 언젠가 자신에게 돌아온다. 그러므로 일해서 번 돈의 10분의 1은 신에게 돌려주는 그리스도교의 가르침에 근거해 기부한다. 좀 더 적극적으로는 기부하면 부자가 될거라 믿는다고 한다.

일본은 기부가 적은 나라로 알려져 있다. 하지만 기부 대신에 세금이나 공과금을 제대로 내는 것이 일본의 고액소득자다. 일본은 부자부터 높은 세금을 매긴다. 이 세금을 통해 돈을 사회에 환원하는 시스템이다.

공과금이나 세금은 당신의 돈을 거쳐 세상을 더 좋게 하는 돈이라고 할 수 있다. 특히 세금은 '뺏긴다'고 인식하기 쉬운데 이는 발상의 전환이 필요하다. 기부의 사고와 마찬가지로 세금은 세상을 기쁘게 하는 돈, 이 돈은 돌고 돌아 자신에게 돌아온다고 생각해보자. 세금이 사용되는 방법에 대해서는 다른 각도로 체크하지 않으면 안 된다. 사회가 기뻐하는 데 사용되지 않고 있다면, 당신이 낸 돈 때문이라도 큰소리로 이의를 제기해보자.

　어쨌든 공과금이나 세금을 낼 때는^{적정금액임을 전제하여} 기쁘게 내자. 어떤 것보다도 우선한다. 그 돈은 언젠가 자신에게 돌아온다. 그렇게 생각하면 나가는 돈도 기뻐하며 당신의 곁으로 돌아올 것이다. 게다가 여유가 생겼다면 적극적으로 기부해보자. 그러면 돈은 기뻐하며 당신의 곁에 친구와 함께 돌아올 것이다.

가난한 자와 출발점부터 다른
부자의 마음 관리

돈의 신은 믿는 사람에게
나타난다

점래는 적당히 참조하세요. 신을 믿고 부자의 길에 오르세요.

인생이 잘 안 풀리거나 어떤 문제가 발생하면 친구, 가족, 변호
사 등 누군가에게 의지하고 싶어진다. 그래도 해결책이 보이지
않으면 보이지 않는 데 기도하게 된다. 하느님이라든지, 부처님이
라든지, 조상님이라든지, 점쟁이라든지 말이다.

나도 돈 문제로 골머리를 앓을 때 손금, 사주팔자, 타로 등 여러
점집을 찾아다녔다. 아주 힘들었을 때는 여고생처럼 아침방송에

나오는 오늘의 행운 아이템 같은 것을 챙겨서 그날 몸에 지니고 다니곤 했다. 몇 월 몇 일에 어느 방향으로 가면 좋다고 해서 일부러 외출하기도 했다. 나는 어쨌든 문제를 해결했기 때문에 행운 아이템이나 운이 좋은 방향 등이 효과가 있었는지도 모르겠다.

손금, 사주팔자, 별점은 오랜 시간에 걸쳐 형성된 통계학이라는 말이 있다. 그런 의미에서 어느 정도 방향은 잡을 수 있을 테고, 그 통계를 잘 읽어내는 점쟁이라면 실로 '용한' 점괘를 낼 수도 있으리라.

점은 눈에 보이지 않는 세계다. 인생에서 중요한 선택을 앞두었을 때 의지가 된다. 한편으론 의존해 버리는 사람도 많다. 때때로 맞추기 때문에 그만둘 수 없는 게 도박과 마찬가지다.

나는 점에 빠진 사람을 몇 명이나 보았다. 그 계기는 가족 문제, 돈 문제, 질병 문제 등 저마다 이유가 있었다. 한 사람이 빠지면 가족도 휩쓸려서 점의 세계에 온 가족이 푹 빠지는 수순이었다.

미신의 세계에 빠지면 어떻게 될까? 자신이 해야 할 판단을 점점 본인이 결정하지 못하게 된다. 모든 것을 미신에 의존하게 된다. "오늘은 이쪽 방향에서 회의가 있는데 괜찮을까요?" "딸아이가 만나는 남성의 생년월일이 이렇습니다. 결혼시켜도 괜찮을까요?"라고 말이다.

지방의 한 제조회사는 사장이 중요한 경영판단을 전부 점괘에 의지해서 종국에는 도산했다. 물론 점괘 탓만은 아니겠지만, 경영판단까지 점괘에 의지하다가는 비참한 결과를 초래한다.

점은 일종의 통계학이라고 말한 바 있다. 통계대로 되지 않는 게 인생이다. 판단을 남에게 의지하는 것은 가난해지는 주된 요인이다. 판단을 남에게 의지하는 사람은 틀림없이 가난의 나락으로 떨어진다. 스스로 판단하는 사람은 때때로 실패하더라도 언젠가는 부자가 되는 길에 들어설 것이다. 점괘는 통계적으로 어느 정도 가능성이 있는지 확인하는 정도로 참고하는 게 좋다.

한편 부자도 눈에 보이지 않는 세계를 믿는다. 하느님이나 부처님을 섬기고 회사 내에 신단을 만드는 경영자도 있다. 하지만 하느님이나 부처님에게 경영판단을 의지할까? 그렇지 않다. <u>눈에 보이지 않는 세계를 공경하고 감사하는 마음이 있을 뿐이다.</u>

"승리할 때 불가사의한 승리가 있고, 패배할 때 불가사의한 패배가 없다."

이는 프로 야구의 명장 노무라 가쓰야野村克也가 자주 한 말이다. 여기서 승리를 부자로, 패배를 가난한 사람으로 바꾸면 가난해지는 것은 불가사의하지 않다, 반드시 이유가 있다는 말이다. 이는 매일의 사고방식이나 행동습관이 크게 작용한다. 가난해지는 데에는 이유가 있다.

한편 부자가 될 때는 불가사의한 일이 일어난다. 나 또한 왜 내게 특상의 물건을 소개해 주었는지 아직도 불가사의하다. 보유하고 있던 주식이 급격하게 높은 상한가가 된 것 또한 불가사의하다. 설명할 수 없는 '불가사의한 승리'를 손에 넣기 위해, 아니 불가사의한 승리를 체험했기 때문에 눈에 보이지 않는 미지의 세계를 공경하는 것이다. 가난한 사람과 부자는 똑같이 눈에 보이지 않는 것을 믿어도 엄연한 차이가 있다.

어떻게든 해내겠다는 각오가
돈의 운을 부른다

"어떻게든 되겠지"로는 어떻게도 되지 않아요.
돈은 "어떻게든 해낸다"로 접근하세요.

"이제 그다음은 하늘의 뜻에 맡긴다"는 시대극이나 영웅 애니메이션 등에서 자주 나오는 대사다. 온 힘을 다하고 그다음은 하늘의 뜻에 자신의 운명을 맡긴다. 물론 주인공이므로 마지막에는 반드시 잘 풀리지만 보는 쪽은 두근두근 조마조마하다. 하늘=신에 자신의 운명을 맡긴다. 이 행위는 어째서 주저함이 없을까.
돈에 연이 없는 사람도 자주 자신의 운명을 하늘의 뜻에 맡긴

다. "어떻게든 되겠지"라는 말과 함께 말이다. 하늘의 뜻에 맡겨서 잘 풀리는 사람은 노력한 사람일 텐데 "어떻게든 되겠지"라고 말하며 최선을 다하지 않는 사람을 자주 볼 수 있다. "어떻게든 되겠지"라는 말은 매일 생활비 변통을 할 때 영향을 끼친다. 오늘로 남은 10일, 돈도 슬슬 바닥을 보인다. 하필 이럴 때 친구가 술마시자며 연락한다. 거절하고 싶지만 재미있을 것 같아서 응한다. 그러면 가난한 사람은 이렇게 생각한다. "어떻게든 되겠지"라고 말이다. 그리고 술자리에 나간다. 월말에 부족해진 돈은 부모님에게 빌리거나 친구에게 빌리면 "어떻게든 되겠지" 하면서 마음을 놓는다.

이 "어떻게든 되겠지"가 쌓이면 친구나 가족과 돈을 둘러싼 다툼이 일어나고 끝내는 개인파산이 되기 십상이다. 주변에 금전 문제를 일으킨 사람이 있다면 한번 생각해보라. 밝은 성격의 사람이 많지 않은가? 사람 만나는 걸 잘하고 긍정적인 성격이다. 아마도 그 사람의 밝은 성격을 지탱해준 것은 "어떻게든 되겠지"라는 말이었으리라.

"어떻게든 되겠지"라고 생각하는 사람을 점점 실패로 몰고 가는 것이 현금서비스다. 특히 리볼빙 납부^{매달 일정 금액을 지불하는 방식} 다. 나도 5,000만 원 가까이 개인대출을 했을 때 리볼빙 납부를 이용했는데, 처음에는 정말 편리했다. 빌리는 것도 간단했고 리볼빙 납부를 하면 매달 10만 원만 내면 되니 정신적으로 부담도 안 될 것 같았다.

하지만 이 카드 리볼빙 납부로 "어떻게든 되겠지" 한다면, 언젠가 한계가 온다. 카드를 평소처럼 넣어 현금서비스를 누른다. 그러자 "더 이상 빌릴 수 없다"라는 알림이 뜬다. 당황해서 다른 카드로 현금서비스를 누른다. 그렇게 되면 엄청난 일이라도 하지 않는 한 갚을 수 없다. **"어떻게든 되겠지"가 쌓인 결과는 상당히 무서운 일이 된다.**

그렇다면 부자가 되는 사람은 어떻게 생각할까. 예를 들어 생활비가 부족할 것 같을 때 술 한잔하자는 연락을 받았다고 하자. 거절해도 괜찮고, 언제든 술 한잔할 수 있는 상대라면 거절한다. 의미 있는 자리이고 꼭 가야 하는 자리라면 술자리에 가지만, 월급날까지 다른 생활비를 확 줄이는 등의 노력을 해서 쓸데없는 빚을 가능한 한 피한다. 친구에게 돈을 빌리면 바로 갚는다. 다음 달 생활비에는 빚 항목이 사라지고 원래대로 돌아가도록 말이다.

이때 부자가 하는 말은 "어떻게든 되겠지"가 아니라 "어떻게든 해낸다"이다. 서술어가 바뀐 것뿐이지만 거기에는 큰 차이가 있다. 그다음 행동이 달라지기 때문이다.

돈에 대해서는 이 "어떻게든 해낸다"가 중요하다. 인생은 누구나 큰 일이든 작은 일이든 반드시 돈 관련 문제나 위기에 봉착한다. 이때 스스로 해결하는 길을 생각하고 "어떻게든 해낸다"라는 각오가 운을 만들어낸다. "어떻게 한다"라는 행동을 함으로써 위

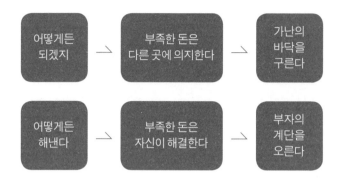

기의 순간에 "어떻게 된다"라는 형태로 돈의 신이 도와주는 것이다. 처음부터 "어떻게든 되겠지" 하고 돈을 가볍게 빌리는 사람에게는 돈의 신이 찾아오지 않는다.

　나도 돈을 안일하게 빌리고 "어떻게든 되겠지" 하며 해결을 미루었을 때, 말로는 "어떻게든 되겠지" 하고 말하면서도 마음속으로는 불안으로 가득했었다. 하지만 더는 빌릴 수 없어서 "어떻게든 해낸다. 내가 해결한다" 하고 결심한 이후로 내 운명은 좋아졌다. "어떻게든 되겠지"로 늘어난 빚을 "어떻게든 해낸다"로 변제하고 돈이 들어오는 시스템을 손에 넣을 수 있었다.

03

작은 지출부터 신경 쓰면
개인 파산에 이를 일은 없다

돈과 관련된 작은 일을 신경 쓰는 것부터 시작하세요.

세상을 떠들썩하게 만드는 사건이 일어날 때마다 마음이 안 좋다. 어째서 이런 일이 일어나는 것일까. TV에서는 이런 일이 일어나면 범인의 집을 방송에 내보낸다. 어느 TV 리포터가 쓴 잡지 기사를 읽은 적이 있다.

"범인의 집을 가늠해보려고 해도 그게 아파트면 어디가 범인의 집인지 알 수 없다. 하지만 대개는 베란다가 너저분한 곳이 범인의 집이라고 보면 틀림없다."

그 기사를 읽고 TV에 나오는 범인의 집을 눈여겨보았는데 확실히 베란다나 집 주변에 물건이 산재해 있었다. 범인의 마음이 거칠고 피폐하기 때문에 집의 베란다나 집주변이 어수선한 것일까? 아니면 베란다나 집 주변이 정신 사납기 때문에 범죄를 저지른 것일까?

깨진 유리창 법칙Broken Windows Theory 이라는 게 있다. 예를 들어 어떤 곳에 자동차를 세워놓아도 아무 변화가 없었는데, 일부러 유리창을 깨고 한곳에 놓아두었더니, 다음 날 낙서가 적혀 있다든지 흠집이 났다든지 하는 것이다. 이 이론을 통해 작은 범죄가 큰 범죄로 이어진다는 사고를 도출할 수 있다. 반대로 큰 범죄를 막기 위해서는 작은 범죄를 단속하면 좋다는 이치다. 이런 이치로 범죄를 격멸시킨 것이 뉴욕시다. 뉴욕 명물인 낙서를 철저하게 지워버림으로써 범죄를 극적으로 줄인 것이다. 고작 낙서 따위라며 간과하기 십상인데, 큰 범죄를 낳는 요소였던 것이다. 가난도 깨진 유리창 법칙으로 생각하면 이해가 된다. 개인파산이나 노후파산도 갑자기 일어나는 경우는 드물다. 처음에는 아주 작은 일부터 서서히 아주 서서히 당신의 가계를 잠식해 간다.

대표적인 게 현금서비스다. 나는 지금까지도 처음으로 현금서비스를 받았을 때의 일을 기억한다. 계기는 "돈이 없으면 카드로 빌리면 돼"라는 대학 선배의 한마디였다. 사실 처음에는 돈을 빌리는 것이 부끄러운 일이라는 생각이 없었다. 당장 돈이 필요한데 빌릴 곳이 없어서 별 생각 없이 한 백화점에서 신용카드를 발급받아 10만 원을 빌렸다.

그 이후부터 빚이 줄어들지 않았다. 항상 200만 원 정도의 빚을 돌려막아야 했다. 졸업 후 사회인이 되어 전부 갚았지만, 형의 회사 문제 등으로 카드론이나 은행 대출이 5,000만 원 정도로 급증하여 개인파산 직전까지 갔다.

변제는 했지만 나는 학창 시절에 빌렸던 10만 원으로 카드론에 대한 거부감이 적었다. 애초에 10만 원을 빌렸던 시점에서 대출의 무서움을 알고 삶의 자세를 바꿨더라면 좀 더 빨리 부자의 길에 올랐을지도 모른다. 작은 빚을 그대로 두었더니 큰 빚이 되었다. 이자가 늘어나자 좀처럼 갚을 수 없었을 뿐만 아니라 대출 기간이 길어지며 금액이 커졌던 것이다. 이것은 마치 깨진 유리창을 시작으로 자동차 전체가 망가지는 것과 같아서 단 한 번의 빚을 시작으로 조금씩 파멸의 길로 빠지게 된다.

돈을 갚는 방법에도 가난한 사람과 부자는 차이가 있다. 가난해지는 사람은 우선 시간을 두고 갚는다. 갚을 수 있는 돈이 있어도 가능한 한 천천히 시간을 두고 갚는다. 한편 부자가 되는 사람은 금방 갚는다. **작은 단계에서 무슨 일이 있어도 없애버리는 게 부자의 방식이다.** 작은 일을 신경 쓰느냐, 작은 일을 신경 쓰지 않느냐는 가난한 사람과 부자를 나누는 주요한 차이다. 가난한 사람은 아주 적은 빚을 신경 쓰지 않는다. 그때부터 서서히 돈 문제는 커지는 것이다.

뉴욕은 낙서를 없애서 범죄도시에서 안전한 도시로 바뀌었다. 당신에게 있어서, 돈의 측면에서 낙서에 해당하는 것은 무엇일까? 친구에게 빌린 점심 식사비를 갚는 것? 잔돈을 테이블에 방치해두는 것? 무심코 받은 카드론? 돈과 관련해서 사소하게 신경 쓰이는 점을 적어보자.

"아주 사소한 것이라 신경 쓰지 않는다"라고 치부할 게 아니라 그 작은 일이 중요하다. 낙서를 없애듯 하나씩 없애보자. 그리고 자신이 본인의 마음에 낙서하지 않도록 하자. 그것이 부자가 되는 첫걸음이다.

04

'할 수 없는 이유'보다
'할 수 있는 이유'를 먼저 찾는다

할 수 있는 이유를 찾아 행동하세요.

돈에 관해 이야기하기 전에 결혼에 대해 조금 언급하겠다. 최근 남성도 여성도 늦게 결혼하거나 미혼을 선택하는 추세다. 자신의 강한 의지로 "나는 결혼하지 않기로 했어"라고 말하는 사람은 차치하고, 그럭저럭 외모도 나쁘지 않고 성격도 좋은데 "결혼하고 싶은데 좀처럼 좋은 사람을 만나지 못했어"라고 말하는 사람들에게는 공통적인 특징이 있다.

그것은 상대를 부정하는 이유, 즉 '왜 이 사람과는 결혼할 수 없는지' 이유만을 구체적이고 확실하게 한다는 것이다. 예를 들어 소개받아서 만난 사람이 있다고 하자. 잠깐 사귀는 상대라면 괜찮지만, 막상 결혼 상대라고 하면 "젓가락질을 못해" "옷 취향이 별로야"라면서 앞으로의 인생을 함께 보낼 시간을 생각하면 실로 별것 아닌 것을 거절의 이유로 꼽는다. 상당히 맘에 들었던 사람이라고 해도 10%가 맘에 들지 않으면 거절한다. 심지어 단 1%라도 맘에 안 드는 부분이 있으면 결혼하지 않겠다고 말하는 사람도 있다.

결혼할 수 있는 이유보다 할 수 없는 이유를 우선하는 것이다. 애매한 결혼 소망보다 부정적인 에너지가 더 큰 영향력을 발휘하는 것이다. 그러면서 "왜 괜찮은 사람이 없을까!" 하고 배부른 소리를 하면 인연이 들어오려고 해도 비껴가지 않을까.

돈도 마찬가지다. **'돈이 모이지 않는 사람'과 '결혼하고 싶은데 결혼하지 못한 사람'은 사고가 상당히 닮았다.** "부자가 되고 싶다"라고 끊임없이 말하는데 막상 일이 닥치면 구체적인 행동을 취하지 않는다. 그러면서 할 수 없는 이유를 대는 것이다.

유명한 '삶은 개구리' 이야기가 있다. 끓는 물이 담긴 수조에 개구리를 넣으면 점프해서 도망가지만, 서서히 물의 온도를 높이면 개구리는 눈치채지 못한 채로 삶겨 죽는다는 이야기다. 사람도 어떤 갑작스러운 일에는 즉각 반응해서 벗어날 수 있지만, 환경이 조금씩 나빠질 때에는 눈치채지도 못한 채 결국 인생이 끝나버린다.

나도 예전에는 '삶은 개구리'였다. 아무리 노력해도 평가받지 못하고 성과도 좋지 않다 보니 점점 회사 내에서의 평판도 나빠져서 회사를 그만두고만 싶었다. 하지만 그만두지 못하는 악순환이었다. 이 상황을 벗어나기 위해 늘 생각했던 것은 지금의 업무 이외의 삶이다.

파이낸셜 플래너 공부를 시작했을 때에는 '보험이나 부동산의 기초지식도 경험도 없으니 힘들겠지'라고 생각했고, 인터넷 마케팅 책을 읽을 때에는 '기계치인데다 성격도 물러서 잘될까' 하고 생각했다. 할 수 없는 이유를 찾아내고 스스로 납득하고 그만둔 것이다.

보증인 문제를 매듭짓고 난 후 이대로 아무것도 하지 않으면 삶겨 죽을지도 모른다고 깨달았다. 나는 부동산이라는 무대에서 승부를 걸었다. 결과적으로 15억 원을 빌려 아파트 경영을 시작했고, 내 삶은 연장되어 지금은 매월 정기적인 수입이 들어오고 있다. 바야흐로 내리막에서 벗어나게 된 것이다. 지금은 이렇게 생각한다. 좀 더 빨리 시작하면 좋았다고 말이다.

부자가 되는 사람은 시작하는 사람이다. 어떻게 하면 할 수 있을지를 생각하고 실행하는 사람이다. 시작하지 않으면 아무것도 시작되지 않는다.

나는 돈이 없다고 한탄하는 샐러리맨에게 고향세 납세_{납세자가 자}신이 선택한 지자체에 기부를 하면 소정의 자기 부담액을 제외한 전액이 소득세 및 주민세에서 공제되는 일본의 세금제도를 권한다. 그런데 좀처럼 이를 시작하는 사람은 적다. 확정갹출연금_{일본의 사적연금}도 마찬가지다. 이득이라는 것을 알면서도 시작하지 않는다. 알뜰폰도 마찬가지다. 연간 50만 원 이상이나 차이가 나는데도 시작하지 않는다. 그러고는 "갈 시간이 없다" "어떻게 할지 모르겠다" 같은 이유를 댄다.

이에 비해서 돈을 가지고 있는 사람은 민감하다. 지인 중에 의사나 경영자를 보면 고향세 납세도, 확정갹출연금도, 알뜰폰도 곧바로 시작했다. 돈을 가지고 있는 사람일수록 할 수 있는 방법을 생각하고 실행에 옮겨 더 돈을 모은다.

당신은 가난이라는 미지근한 물에 익숙해져 있지는 않은가? 어쩐지 이상해서 벗어나고 싶다고 생각한다면 우선 작은 일부터 시작하자. 할 수 없는 이유보다 할 수 있는 이유를 찾아서 행동하는 것이 중요하다.

05

무리하게 아끼고 안 쓰면 언젠가는 지치고 만다

애쓰지 않아도 돈이 모이는 시스템을 만들어두세요.

점점 가난해지는 사람, 가난 보균자는 참고 노력하며 살아간다. "그건 아니죠. 그 반대죠"라고 말하는 사람이 대부분일 것이다. 하지만 나도 예전에는 참고 노력하며 살았다. "좋아, 내일부터 열심히 하자"가 입버릇이었다.

어쩐지 금연이나 다이어트에 실패하는 사람의 다짐과 닮았다. "좋아, 내일부터 담배를 끊자" "좋아, 내일부터 디저트를 먹지 말자" 항상 이런 말을 하는 사람이 주변에 있지 않은가? "나만큼 다이어트를 열심히 하는 사람은 없어"라고 자신하는 친구가 있었는데, 그것은 몇 번이나 다이어트를 해서 좌절했다는 말이 아닐까.

그렇게 다이어트에 실패만 하는 사람과는 정반대로 "나는 특별히 신경 쓰는 것은 없어"라고 웃으며 말하는데, 제안은 명확한 사람도 있다. "나는 신경 써서 여러 가지를 하고 있는데…"라고 말하는 사람은 잘못된 것이다.

그렇다면 아무것도 하지 않는데 마른 사람은 아무도 보지 않는 곳에서 '피나는 노력'을 할까? 참고 노력하는데 살이 빠지지 않는 사람과 노력도 하지 않는데 날씬한 사람의 차이는 무엇일까?

그 차이가 생기는 이유가 바로 '습관의 힘'이다. 적어도 똑같은 체질인데 뚱뚱한 사람과 마른 사람을 나누는 것은 노력이 습관화되어 있는지 여부다. 즉 살찌지 않기 위해 필요한 것 운동하기, 라멘 국물 남기기 등이 자연스레 몸에 배어 있느냐 여부다. 자연스레 몸에 배었기 때문에 특별히 신경 쓰는 게 없다고 여기는 것이다.

어떤 뇌과학자는 다이어트를 시작할 때에는 처음부터 의욕적으로 달려드는 것이 뇌과학적으로 좋지 않다고 말한다. 평소 살이 빠지는 행동 TV를 보면서 스트레칭하기 등을 살짝 남모르게 하는 것이 중요하다고 말한다. 뇌는 익숙하지 않은 식사 제한이나 운동을 갑자기 시작하면 반발한다고 한다. 이는 가난 체질의 개선에도 중요한 요령이다. 혹시 '돈을 모아야 해'하고 갑자기 식비를 절약하며 애쓰다가 결국 좌절했던 경험이 있지 않은가? '가난한 사람은 참고 노력한다'고 적었는데 정말로 몇 번이고 참고 견디며 애쓴다. 그리고 같은 횟수만큼 좌절한다.

가령 한 달에 20만 원씩 저축한다고 하자. 가난한 사람은 식비를 줄이거나 좋아하는 것을 사지 않고 참으면서 20만 원씩을 만들 것이다. 인내하며 모으기 때문에 금세 힘에 부쳐서 그만두게 된다.

그리고 마음속으로 '이렇게 애써서 20만 원밖에 못 모았는데 얼마나 더 애써야 1,000만 원을 모을 수 있담' 하고 한탄한다. 끝내는 '부자들은 나쁜 짓을 해서 재산을 모은 게 분명해'라며 엉뚱한 화풀이를 하고, '이렇게 애쓴 나 자신을 칭찬해줘야겠어'라며 맛있는 음식을 먹어서 결국 모은 돈보다 더 써버린다.

부자는 항상 평소 모으는 습관이 살짝 몸에 배어 있다. 본인조차 자신이 모은다는 의식이 없을 정도로 말이다. 급여공제 정기적금이라든지, 적립 투자신탁이라든지 좀 더 현명한 사람은 돈을 저축해서 자금 운용할 뿐 아니라 확정불입연금으로 연간 80만 원 정도_{연수입에 따라 다르지만} 절세하는 방법으로 돈을 모은다.

무리한 인내는 유지가 힘들다. '인내→포기→인내→포기'를 반복하는 자신이 싫어진다. 이것이야말로 가장 안 좋다. 돈을 모으는 사람은 애쓰지 않는다는 말은 거짓말이다. 부자는 돈이 들어도 돈이 모이는 시스템을 만드는 데 노력한다는 것이 정답이다.

그 시스템이 구축되면 이후에는 그대로 생활하면 된다. 나도 지금 급여와는 별개로 부동산 수입이 정기적으로 들어오고 있다. 한 번 시스템을 만들어두면 아무것도 하지 않아도 된다. 용을 써도 오르지 않던 급여에 비하면 정말로 꿈만 같은 이야기다.

당신도 자신의 지금 생활에서 살짝 돈이 모이는 시스템을 구축해보면 어떨까?

카드 결제 예정금액과
현재 자산을 파악하고 있다

돈은 구체적인 금액으로 생각하는 습관을 들여보세요.

당신은 혹시 학창 시절에 다음과 같은 경험을 한 적이 있지 않은가? 시험이 끝나고 공부 잘하는 같은 반 친구에게 "시험 잘 봤어?"라고 묻자 심각한 얼굴로 "못 봤어. 틀린 문제도 있고…"라고 답한다. '후후. 공부 잘하는 저 녀석한테도 어려웠나 보군'하고 생각했는데 발표된 시험 성적을 보면 자신보다 훨씬 점수가 높다. 이때 당신은 부들부들 떨며 이렇게 생각한다.

'제길, 거짓말쟁이. 역시 머리 좋은 녀석은 성격이 교활하다니까.'

그런데 공부를 그럭저럭하는 반 친구에게 "시험 잘 봤어?"라고 묻자 "잘 봤어. 답은 다 채웠지" 하고 의기양양한 얼굴이다. '뭐?! 이 녀석 공부 열심히 했나 보네' 했는데 발표된 시험 성적을 보면 평소대로 점수가 낮다. 그럼 피식 웃으며 이렇게 생각한다.

'저 녀석 뭐지? 잘 봤다더니…. 그럼 그렇지'

자주 들어본 이야기일 것이다. 나는 '공부를 그럭저럭하는 반 친구' 같은 스타일이었다. 그래서 시험지에 정답을 다 쓴 것 같고 왠지 '감'이 좋았는데 발표된 시험 성적을 보고 깜짝 놀란 적이 자주 있었다.

대학 수험 전에 마음을 다잡고 공부에 힘쓰면서부터 깨달은 점이 있다. 오답이나 잘못된 부분은 시험이 끝난 직후에 확실히 알 수 있다고 말이다. 즉 뚜껑을 열기 전 감각이 아닌, 뚜껑을 열고 난 후에야 시험 성적을 판단할 수 있게 된 것이다.

사실 이는 돈 이야기에도 적용된다. 월급날 1주일 전에 ATM으로 돈을 이체할 때 잔액이 별로 없는 것을 알게 된 사람은 대충 '감'으로 돈 관리를 하고 있는 것이다. 그래서 '오늘은 아직 돈이 남아 있을 거야' 하고 착각해서 실제 잔액과 오차를 내게 된다. 지갑에 있는 현찰도 마찬가지다. '어? 5만 원은 있는 줄 알았는데, 없잖아?' 같은 상황이 빈번한 사람은 감각으로 돈을 관리하고 있는 것이다.

시험 성적이 좋은 사람은 틀린 부분을 구체적으로 알고 있는
것과 마찬가지로 돈을 모아둔 사람은 지갑에 있는 현찰도, 은행
계좌에 있는 잔고도 확실히 파악하고 있다.

반면 점점 가난해지는 사람은 근거도 없는 돈 이야기로 기세가
오른다. 이전에 내 소유 빌딩의 세입자였던 회사 사장의 지인들
이 전부 그런 사람들이었다. "이 일로 연간 100억 원은 벌 수 있
어요" "회사를 또 하나 설립하면 어때요?" 등 듣기 좋은 말로 기
세를 올렸다. 그 회사의 직원이 내게 "저 사람들 실제로는 모두
거액의 빚이 있는 이들이에요"라고 알려줘서 실체를 알게 됐다.

그런 상황이다 보니 그들의 이야기는 현실 가능성이 제로였다.
끝내는 세상에 큰 피해를 끼치고 지금은 행방이 묘연하다.

만약 그들이 정말로 연간 100억 원을 벌 수 있는 사업을 할 수
있는 사람들이었다면 좀 더 구체적인 이야기가 오갔을 것이다.
제품 생산, 유통, 판매처, 허가, 융자 등 고려해야 하는 것도 많을
것이다. 밤잠도 줄여야 될 정도로 바빠질 테고 말이다.

한편 내가 알고 있는 우수한 경영자들은 모두 머릿속에 혹은
항상 들고 다니는 수첩에 자신의 회사 매출과 관련하여 숫자가
빽빽이 들어차 있다. 매일 갈고닦은 감각으로 숫자를 대하는 것
이다.

우리는 나와 가정의 경영자다. 부자가 되어서 즐거운 인생, 풍

족한 인생을 보내기 위해서는 그 근본이 되는 돈에 대해 진지하고 신중해지지 않으면 안 된다.

돈을 감각으로 파악하면 안 된다. 구체적인 숫자로 생각하는 습관이 몸에 배어야 한다. 구체적인 숫자로 생각하는 습관이 몸에 배었을 때, 드디어 진짜 의미의 '돈의 감각'을 익힐 수 있다. 이는 돈에 대한 제육감이라고도 할 수 있다. 우수한 경영자가 회사의 수상한 숫자를 금세 눈치채고 돈 벌 수 있는 부분을 분간할 수 있도록, 인생의 경영에서 성과를 올리기 위해서도 돈은 구체적인 숫자로 생각하는 버릇을 들여야 한다.

자신의 지갑에 지금 얼마 들어 있는가? 은행 계좌에 얼마 남아 있고 저축은 얼마인가? 정확한 금액으로 말할 수 있는지부터 시작해보자.

07

후회만 하지 말고
개선 방안을 찾아라

반성하기보다 개선점을 찾아보세요.

한 잡지 기획으로 50명 규모의 어린이 캠프에 3일간 동행한 적이 있다. 대자연 속에서 아이들이 어떻게 성장하는지 취재하기 위해서였는데, 나의 흥미를 끈 것은 캠프의 리더였다. 그는 40대 후반의 남성으로 지금껏 다수의 캠프를 경험한 베테랑이다. 야외 활동이 많은 대학 동아리 소속 학생들이 그 리더의 지휘를 받으며 도와주고 있었다.

첫째 날 밤 미팅에서 있었던 일이다. 한 사람씩 보고하라고 말하며 리더가 한 한마디가 인상적이었다.

"여기서 반성할 필요는 없습니다. 오늘 좋았던 점을 말해주세요."

이 말이 인상적이었던 이유가 있다. 학교, 동아리, 회사 등 조직에서 구성원이 한자리에 모였을 때는 보통 반성을 요구하기 때문이다. 교사나 상사는 반성하는 모습을 바란다. 반성하고 사과하며 다음에는 잘하겠다고 말하는 일련의 흐름이 일반적이다. "좋았던 점을 말해주세요"라는 말에 반성한 내용을 준비하고 있었던지 처음에는 다소 당황한 눈치였는데 발표가 진행될수록 표정이 밝아지고 활기를 띠었다.

조금씩 가난의 바닥으로 향하는 사람은 반성하기를 좋아하는 사람이 많다. 잘 안 풀릴 때마다 반성하고 움츠러든다. 그 결과 더 위축돼서 일하기 때문에 업무 추진력이 나빠지고 실수를 하기도 한다. 반성이 좋은 결과를 내는 게 아니라 반성이 또다시 반성을 불러서 기회도 자신감도 잃어버리게 된다.

'반성=성실함'이 아니다. 구체적인 대책 없이 미안해할 뿐인 반성은 자신의 인생에서 도망치는 것에 불과하다. 정신적인 반성만을 요구하는 상사가 있는데 그런 어리석은 사람은 피하는 게 낫다. 반성으로는 아무런 해결도 되지 않는다. 나는 구체적인 개선책을 생각하는 것이 중요하다고 본다.

은행에서 돈을 빌릴 때 바로 얼마 전까지 보증인을 요구했다^지

금도 완전히 없어진 건 아니다. 나도 형 회사의 보증인으로서 은행으로부터 변제를 요구받았다. 여러 은행과 교섭했는데, 그때마다 은행직원은 내게 가족으로서 반성하라고 했다. 그리고 교묘하게 빚을 대신 갚도록 했다.

"돈에 반성을 갖다 붙이지 않는다". 이는 내가 교섭할 때 정한 규칙이었다. 보증인제도는 가족, 친척, 친구에 의존해 돈을 빌리는 것이다. 갚지 못한 데 대한 반성을 보증해준 사람에게까지 넓히는 제도다. 실로 일본인답게 돈과 사람의 정을 결부시킨 제도다.

보증인으로서의 반성을 촉구하는 은행직원에게 나는 어디까지나 냉정하게 숫자와 사실로 대처했다. 은행 측에도 반성해야 할 점^{내용도 모른 채 보증을 서준 점 등}을 지적하며 역으로 은행원으로서 했어야 할 의무가 있지 않았냐고 강력히 호소하여 이쪽의 주장을 받아들이도록 했다.

부자가 되는 사람은 반성하지 않는다. 실패해도 반성은 하지 않는다. 실패로부터 얻는 것은 개선점뿐이다. 기본적으로는 반성할 짬이 있다면 발전하는 데 에너지를 쏟는다. 때때로 부자가 미움받는 것은 이 반성하지 않는 태도의 영향일지도 모른다.

사람에게 미움받을 바에야 부자가 되지 않아도 좋다고 생각할지도 모르겠다. 나는 나쁜 일을 저지르고 반성하지 않는 사람이 되라고 말하는 게 아니다. 너무 반성해서 결과적으로 가난의 길을 걷지 않길 바란다는 말이다.

반성만 하는 사람은 타인에게 이용당하기 쉬운 사람이 되기 십상이다. 얼핏 사려 깊어 보이지만 돈의 입장에서 보면 깊이 생각하지 않는 사람이라고 할 수 있다. "그 자리의 분위기를 깨지 않기 위해서" "사내의 인간관계를 악화시키지 않기 위해서" 등 다양한 이유가 있을 테지만, 그런 일로 간단하게 반성하는 건 그만두자. 세상은 쉽게 반성하는 당신을 이용하려는 사람이 수두룩하기 때문이다.

좋아하는 일을 하며
돈까지 벌면 더 행복하다

'일을 좋아한다'에 '돈을 좋아한다'를 추가해보세요.

일본인은 도를 닦는 데에 동경을 품고 있다. 검도, 유도, 화도^꽃꽂이 등 하나의 분야에 '도道'를 붙여 그 길을 꾸준히 걸으며 정진하는 것이 좋다고 생각한다. 이때 도를 닦는 것으로 정신적으로도 성장하길 바란다.

과거에는 야구도 '야구도'로서 미국의 베이스볼과는 다른 발전을 이루었다고 들은 적이 있다. 그중에 희생 번트를 미국인은 도저히 이해하지 못하는 듯하다. 팀 때문에 자신을 희생하는 일본인다운 생각이 독자적인 발전으로 이어진 것이다.

도를 닦는다는 생각은 회사에서도 자주 볼 수 있다. 나는 기획 일을 담당하고 있는데, 사진작가나 디자이너 등 전문직인 사람에게 그런 경향이 강한 것 같다. 또 취재로 대학이나 연구소를 방문하면 연구직 같은 개발 부문에 관련된 사람 등 그 길만 걸은 듯한 사람을 자주 볼 수 있다.

물론 영업도 복장, 말투, 상담법 등 온갖 기술을 익혀 영업의 도를 닦듯이 정진하는 사람도 많다. "도를 닦는 모습", 즉 자신의 천직으로서 그 일에 몰두하는 모습은 훌륭하고 존경할 만한 것이다. 다만 돈의 입장에서 보면, 결국 도를 닦으려고 열심히 하는 일이 마냥 좋은 것인지 의문을 품게 되는 것도 사실이다.

얼마 전 50대 후반의 디자이너가 나를 찾아왔다. 예전에는 디자이너로서 아주 뛰어나게 일을 했지만, 지금은 완전히 일이 줄어들어 생활이 어려운 듯했다. "어떤 일이라도 좋아요"라는 말에서 과거의 모습은 찾아볼 수 없었다.

이때 나는 한 경영자의 이야기가 떠올랐다. 자동차 수리회사를 막 시작했을 때의 젊은 시절, 회사를 크게 키우고자 당시 일본에서 제일 큰 오사카 수리회사에 가르침을 청하러 방문했다고 한다. "어떻게 하면 큰 수리회사가 될 수 있는지 알려주십시요"라고 묻자 그 회사 사장이 다음과 같이 말했다고 한다.

"당신은 자동차 수리를 좋아하죠? 수리 기술에 매진하는 것만으로는 안 됩니다. 나는 돈을 좋아합니다. 어떻게 하면 벌 수 있는지 생각하죠. 그리고 그 방식을 이곳에서 일하는 젊은 사람에게 알려주어 독립시키는 것입니다"

내가 아는 경영자는 수리를 좋아할 뿐 수리의 길에 매진해서는 회사를 크게 키울 수 없고 직원을 행복하게 만들 수 없다는 것을 깨달았다고 한다. 일을 좋아하기만 해서는 안 된다. 나를 찾아온 디자이너도 자신의 디자인 실력에만 의존하고 언젠가부터 그것이 세상과 어긋났다는 것을 깨닫지 못했기 때문에 일이 줄어든 것이리라.

나는 도를 닦고 정진하는 사람을 좋아한다. 더할 나위 없이 동경한다. 다만 그런 사람이 나이를 먹으면 언젠가 회사 안에서 짐짝 취급을 받고 세상의 니즈와 어긋나서 생활이 어려워지는 경우를 여러 차례 보았다. 도를 닦으려는 사람은 이해득실보다도, 돈보다도, 자신보다도 더 나은 일을 하는 데 인생을 건다. 그런 성실한 사람이 돈이 궁한 노후를 맞이할 수밖에 없는 것은 유감이다.

돈이 전부는 아니지만, 돈이 있으면 대개 행복을 지켜준다. 업무의 도를 닦는 사람은 이렇게 말한다.

"좋아하는 일을 하니 돈이 생기더라."

맞는 말이다. 하지만 사람은 확실하게 나이를 먹는다. 더구나 인공지능에 사람의 직업 대부분을 빼앗겨버리는 시대다.

"일을 좋아하는 것"은 중요하다. 여기에 하나 더 "돈을 좋아하는 것"을 추가하자.

기술은 낡아진다. 바라는 바도 바뀐다. 돈을 하나의 축으로 삼아 세상을 보는 것도 중요하다. 아무리 목소리 높여 자신의 기술이 훌륭하다고 어필해도 시대와 어긋나면 거기에는 돈이 생기지 않는다.

"좋은 일을 하는 사람들"이라는 평가만으로는 일을 그만두었을 때 돈이 돌지 않는다. 돈을 의식함으로써 좀 더 나은 일로 연결된다.

원망의 마음으로 인한 동기부여는
단발성으로 끝난다

술자리에서의 험담이나 SNS에 끄적거리는 불만 등
용서하지 않는 행위는 자신에게 돌아온다는 것을 기억하세요.

어린아이가 욕을 하면 "나쁜 말 하면 안 된다"고 부모님께 혼날 것이다. 왜 욕을 하면 안 될까? 따돌림을 당하니까? 친구랑 사이가 나빠지니까? 그것도 맞는 말이지만 부자들의 세계에서는 욕을 하면 자신에게 확실히 손해가 따르기 때문에 욕을 하지 않는다.

욕뿐이라면 괜찮은데 "절대로 용서할 수 없어" 하고 절교를 다짐하고 돌진하면 파멸의 길에 접어들게 된다. 용서하지 않은 본인만 그 응보를 받으면 괜찮지만, 가족까지 휩쓸려버리는 일도 종종 있다.

와신상담이라는 고사성어가 있다. 춘추시대 오나라 국왕이 아버지의 죽음에 원한을 잊지 않기 위해 장작더미 위에서 자고^{이것이 '와신'} 마침내 그 원수를 갚았다. 다음에 그 상대도 패배한 굴욕을 잊지 않기 위해 쓸개를 핥으면서 복수를 다짐했다^{이것이 '상담'}는 고사다. 참고로 성공을 위한 노력과 인내를 의미하는 말이다.

이 고사성어를 이전에는 함축적으로 받아들였지만, 최근에 나는 '용서하지 않는 사람은 망한다'라고 해석하고 있다. 장작더미 위에서 자며 원한을 잊지 않았던 오나라 왕은 한 번은 나라를 구했지만, 최후에는 나라를 휩쓸리게 만들어 멸망시켰기 때문이다.

나의 아버지도 애증으로 가득 찬 사람이었다. 누구보다도 주변 사람을 사랑하는 한편으로, 일에는 엄격해서 한 번 적이 되면 상대를 철저하게 공격하는 유형의 사람이었다. 지켜보고 있으면 흥미진진했었다.

아버지는 젊은 나이에 한 회사의 임원까지 올랐지만, 경영진과 대립해서 회사를 그만두고 독립해서 창업했다. 그 에너지의 출발점은 이전 회사의 경영진을 용서하지 않는 마음이었다. "어디 두고 봐! 반드시 성공해서 코를 납작하게 해주겠어!"라는 마음 하나로 아버지는 가정도 돌보지 않고 일에 몰두했다. 하지만 용서할 수 없다는 마음을 토대로 창업한 회사는 애초에 어딘가 비뚤어져 있었다. 토대가 비뚤어져 있으면 벽돌을 아무리 높게 쌓은들 한순간에 무너져 버린다. 마찬가지로 아버지가 만든 회사는 형이 이어받은 후에 맥없이 무너져 버렸다.

'용서하지 않겠다'는 마음의 에너지는 아주 강력한 것이다. 악마에게 영혼을 팔아서 믿을 수 없는 힘을 손에 넣는 옛이야기가 있는데, 그와 마찬가지로 단기간은 잘 풀릴 것이다. 하지만 그 마이너스 에너지는 언젠가 자신에게 되돌아오고, 최후에는 자기 자신과 사랑하는 가족을 파멸시킬 정도의 힘을 갖게 된다.

개인에게 있어 부의 세계도 마찬가지다. "저 사람에게만은 지고 싶지 않다"라는 마음이 순수하게 업무에 매진하는 에너지로 쓰이면 가장 좋겠지만, 그 마음이 언젠가부터 "저 사람은 용서할 수 없어"라는 마음으로 바뀌었다면 주의해야 한다.

예를 들어 동료와의 술자리에서는 이런 화제로 무르익지 않는가? 싫어하는 상대 때문에 술값을 지불하고, 시간을 소요하고, 과음해서 스트레스로 건강까지 해치는 것은 너무나 어리석은 일이다.

회사 동료와 회사, 상사, 동료의 험담 이외의 화제로 이야기를 이어나갈 수 있는가? 만약 험담 이외의 화제가 없다면 그 무리에서는 멀어지는 것이 낫다. 돈과 시간의 낭비일 뿐이기 때문이다.

진짜 부자는 돈을 소유하고 있는 상태를 오래 유지할 수 있는 사람이다. 그 상태를 자신의 대에서 끝내는 게 아니라 자식, 손자까지 계속 유지되는 시스템을 만들 수 있는 사람이다. 이러한 부자는 '용서할 수 없다'라는 비뚤어진 마음을 빠르게 없앤다.

내 예전 동료로 10년 전쯤에 회사를 그만두고 IT 기업에서 성공한 인물이 있다. 같은 시기에 8명 정도의 동료가 회사를 그만두었는데, 그 친구만 대성공을 이루었다. 최근 그 동료들과 모이는 자리가 있었는데, 그 사람만 예전 상사나 회사의 험담을 하지 않았다. 상당히 심하게 회사를 그만두게 만들었는데도 말이다.

"그때 단련되었기 때문에 지금이 있는 거니까" 하고 말했다. 그 모습이 멋있다고 생각했다. 용서했기 때문에 성공한 것인지 성공했기 때문에 용서했는지는 모르겠지만, 적어도 '용서하지 않겠다'는 마음을 계속 품고 있지는 않다는 것은 사실이다.

돈을 많이 쌓아 올리기 위해서라도 '용서하지 않겠다'는 마음을 버려야 하지 않을까.

상상은 그 사람이
실현할 수 있는 범주다

꿈과 현실을 상상의 계단으로 연결해보세요.

'꿈'은 참 좋은 단어다. 초등학생 때는 꿈이 무엇이냐는 질문을 종종 받는다. 남자아이라면 '야구선수' '경찰관', 여자아이라면 '꽃집주인' '케이크집주인'이라고 답하지 않았을까. 꿈을 향해서 열심히 노력하는 사람은 매력적이다. 우리는 자신의 꿈을 실현한 사람에게 강한 동경을 품는다. '꿈을 이루는 방법'이라는 제목의 책도 흔히 볼 수 있다. 즉 흔히 볼 수 있다는 것은 그만큼 많은 사람이 자신의 꿈을 실현하고 싶어 한다는 의미가 아닐까.

한편 꿈은 당연한 이야기이지만 현실이 아니다. 사람의 마음속에 있는 상상이다. 이 상상이라는 것은 보통내기가 아니다. 이른바 가상현실virtual reality : VR이다. 꿈속에 있으면 마치 현실 세계에 있는 듯한 착각에 빠진다. 또 꿈의 대단한 점이자 무서운 점은 꿈의 세계에 주변을 끌어들인다는 것이다.

회사 선배와 술자리에 가면 "내가 사장이라면 좀 더 힘써서 공격적으로 할 텐데. 사장은 전략이 없다니까. 그래서 안 되는 거야"라며 회사의 험담으로 분위기가 무르익지 않는가? 이것도 어떤 의미에서는 꿈속 세계다. 회사원의 술자리는 그야말로 '만약에'의 세계로 가득하다. '만약에 내가 부장이었다면' '만약에 내가 사장이었다면' 같은 이야기로 밤을 지새운다. 선배의 '만약에'의 꿈속 세계에 끌려 들어가서 어느새 '만약에 선배가 사장이었다면' 세계의 주인공이 되어버린 것이다. 그러면 좀처럼 벗어날 수 없다.

'만약에'로 이루어지는 대화는 꿈과 마찬가지다. 현실 감각이 적다는 점에서 말이다. 꿈을 향해서 살아가는 사람을 우리는 동경한다. 하지만 꿈을 향해 살아가는 사람과 꿈속에서 살아가는 사람은 다르다. 가난한 사람은 현실로부터 도망치기 위해 꿈속에서 살아간다.

뇌는 꿈과 현실을 구별하지 못한다고 한다. 꿈은 심지가 곧은 사람을 취하게 만든다. "복권에 당첨되면 집을 살거야" "좋아하는 취미를 직업으로 삼아서 독립할거야" "대박 아이템으로 창업해서 떼돈을 벌거야"라고 말이다. 당신도 이런 꿈의 세계에서 살고 있지 않은가? 혹시 회사 동료와 '만약의 세계'에 몸을 담그지 않았는가?

꿈에는 힘이 있다. 가난한 사람은 꿈의 힘을 꿈속에서의 편안함에 만족한다. 물론 부자가 되는 사람도 꿈을 꾼다. 아니, 꿈이야말로 부자가 되는 출발점이다. 하지만 가난해지는 사람과 부자가 되는 사람은 꿈의 힘을 사용하는 방법에서 차이가 있다.

선배 중 한 명은 구체적으로는 부동산 경영을 해서 회사를 그만두고 자유롭게 살아간다는 꿈을 꾸었다. 내게도 부동산 경영의 훌륭함을 자주 설파했었다. 하지만 그 선배는 아파트나 빌라는 소유하지 못했고, 회사의 조기퇴직^{구조조정}에 응해 지금은 다른 직장을 찾고 있다.

나는 선배와 마찬가지로 부동산으로 정기적인 수입을 꿈꾼 사람 중 한 명이었다. 그리고 현재 변변치 않지만, 아파트 경영을 실현했다. 선배와 나를 나눈 것은 무엇이었을까? 그것은 선배와 대화 중에 힌트가 있다.

선배가 말했던 것, 그것은 부동산 경영의 훌륭함뿐이었다. 그 대화에는 부동산 경영을 실현하기 위한 구체적인 방법은 전혀 없었다. 즉 선배는 부동산 경영에 성공해서 부자가 되는 길이 머리에 그려져 있지 않았던 것이다.

똑같은 꿈을 꾸고, 가난뱅이와 부자를 나눈 것은 무엇일까? 그것은 꿈과 현실을 계단으로 이을 수 있느냐. 즉 <u>꿈에 도달하는 거리를 구체적으로 그리는 것이 가난과 부자를 나누는 핵심이다.</u> 성공하는 사람은 꿈으로 향하는 계단도 그리고 나서 행동한다.

"인간이 상상할 수 있는 것은 인간이 반드시 실현할 수 있다"라는 말이 있다. 부자가 된다는 꿈의 세계, 그것은 반드시 실현할 수 있다.

다만, 그 꿈에 이르는 계단도 아울러 상상하는 것이 중요하다. 꿈속에서 살아가는 게 아니라 꿈을 소생시켜 부자의 계단에 올라서보자.

부의 시작
D-8

D-8

여윳돈이 있으면 도전할 용기가 생긴다

이제부터는 부자가 되려면 어떻게 하면 좋은지 구체적으로 살펴보겠다. 지금 이 책을 읽고 있는 사람 중에 현재 상황에 만족하고 있는 사람은 적으리라 짐작된다. 만족하지 않기 때문에 변하고 싶고, 환경을 바꾸고 싶은 마음이 있을 테니까 말이다. 그렇다면 지금이 기회다. 부자가 될 기회인 것이다.

회사에 그저 종속되어 있을 뿐인 사람이라면 회사의 가치관이 자신의 가치관이 된다. 그 회사의 가치관에 따르면 그것으로 만족할 테지만, 회사의 가치관에 위화감을 느끼는 사람에게는 다른 각도에서 사물이 보일 것이다.

물론 회사원이 아닌 프리랜서로 일하는 사람은 애초에 조직사회와는 다르게 일하고 있기 때문에 다양한 각도로 사회를 보고 있을 것이다. 이 다른 각도에서 보이는 부분에 기회가 있다.

부자가 될 때 중요한 것, 그것은 '다른 각도에서 세상을 보는 것'이라고 생각한다. 다른 사람과 같은 시점에서는 언제까지나 보통 사람 이상이 될 수 없고, 지금 사회에서 다른 사람과 똑같아서는 가난의 바닥으로 조금씩 가라앉게 될 뿐이다.

'다른 각도에서 세상을 보기'는 상황을 객관적으로 보는 데 필요하고, 쉽게 유행에 휩쓸리지 않는다는 것이다. 한편 다른 각도에서 세상을 보는 사람은 집단 속에서 눈에 띄기 쉽고, 어떤 목표를 향해 움직일 때는 방해가 되는 존재가 되기 쉽다.

'다른 각도에서 세상을 보는 사람은 방해된다'라는 생각은 동양 사회에서 자주 접할 수 있다. 학교에서도, 회사에서도 모두 똑같이 생각하기를 요구하고 있다. 과거에는 '모두 똑같이'가 강함의 근원이었다. 그것이 기업이 강해지는 데로 이어졌고, 거기에 소속된 개인도 급여가 올랐으며, 염원하는 내 집을 손에 넣어 정년까지 일하면 퇴직금을 받아 노후는 연금과 저축으로 행복하게 보낸다. 이런 생활이 실현 가능했다. 이러한 인생을 보내기 위해서라도 회사라는 집단 속에서 모두 똑같이 열심히 해야 했고 그것이 행복이었다.

그러나 지금은 다르다. 반드시 연차가 쌓이는 것과 함께 급여가 오르는 것도 아니고, 정년퇴직까지 회사생활이 보장되는 것도 아니다. 퇴직금도 불확실하고 연금만으로 행복한 노후는 보낼 수 없다. 이는 회사나 정치가 나빠서가 아니다. 시대가 바뀐 것이다.

나는 입사 당시에는 분주하게 늦게까지 일하며 나름 성과를 올리고 싶어 했고, 회사 노선과 내가 바라는 방향이 같아서 즐겁게 회사생활을 보냈다. 그러나 너무 기분에 취해 있었는지도 모르겠다. 상사와 충돌하고 끝내는 업무에서 제외되었다. 게다가 개인적으로는 형 회사의 도산에 휩쓸려 즐거운 인생은 차츰 비참한 인생으로 바뀌었다.

회사에서는 출세에서 멀어지고, 머릿속에는 "어서 이 회사를 그만둬야지"라는 생각만 맴돌았다. 하지만 그만두지 못했다. 왜냐하면 저축도 자산도 아무것도 없었기 때문이다. "이런 회사 관둬버리겠다"라는 용기도 샘솟지 않았다. 그리고 이렇게 생각했다.

"인생에 용기가 뒷받침되려면 돈이 필요하다"

결과적으로는 그만두지 않아서 다행이었다. 부동산 투자는 잘 풀렸고 번 돈을 투자한 주식도 순탄하게 올랐다. 그때 객기로 그만두었다면 사표를 낸 순간은 기분 좋았을지도 모르지만, 이직해서도 지금의 회사와 마찬가지로 불만을 품고 있었을 것이며, 독립했다고 해도 새로운 사업이 성공할 확률은 상당히 낮았으리라.

나는 생각을 고쳐먹었다. 회사가 내게 기대하지 않는 것을 좋게 여기기로 했다. 이전까지의 야근, 야근뿐인 생활을 개선했다.

평범한 직장인의 지위를 이용하기 위해서다. 보통은 '그런 짓을 하면 회사나 동료가 날 어떻게 생각하겠어?' 하고 두려워할 테지만, 나는 그런 생각을 접었다.

기대하지 않는 상대에게 나도 기대하지 않는다. 당신에게 기대하지 않는 회사가 당신의 평생을 생각해줄 것 같은가? 최소한 회사에 있는 동안은 급여를 받는 정도가 다 아닐까. 물론 회사의 이익에 반하는 행위를 하면 안 되지만, 반드시 해야 할 일을 확실하게 해내면 다음은 당신의 인생을 더욱 좋게 만드는 데 사용하는 게 좋다.

그렇다고 해서 땡땡이를 치라고 권하는 것은 아니다. 회사가 자신에게 기대하지 않음을 알게 된 순간에 아주 효율적으로 일을 하라고 권하는 것이다. 평범한 직장인은 정시에 퇴근하기 때문에 시간이 있고, 무엇보다도 '모두 똑같이'를 바라는 회사의 가치관으로부터 자유롭기 때문에 세상을 다른 각도로 볼 수 있다.

나도 회사나 자신의 인생을 다른 각도로 봄으로써 새로운 가치관과 만나게 되었고, 회사원으로서 근무한다는 막연한 생각에서 회사를 그만두고 돈으로부터 자유로워진다는 목표를 갖게 되었다.

술집이나 카페에서 회사의 불평불만을 말하는 사람을 자주 볼 수 있다. 그럼에도 블랙기업이 아닌 한 그만두지 않는 게 좋다. 그 이유는 다음에 설명하겠지만, 회사를 그만두기 전에 우선은 회사를 그만두어도 괜찮은 상태를 만들어두어야 한다.

평범한 직장인이어서 감사한 점은 매달 정해진 금액이 들어온다는 것이다. 그래서 그만두는 준비가 다 될 때까지 돈 걱정은 덜 한다. 무엇보다도 시간이 있다. 그러므로 회사가 힘들고 마음 붙일 곳이 없어서 고민인 사람에게 강력히 말하고 싶다.

"기회입니다. 엄청난 기회입니다. 인생에서 많지 않은 기회가 찾아왔습니다."

게다가 20대부터, 20대 초반에, 이 기회가 왔다면 기뻐하자. 그중에는 회사에 최선을 다하고도 50대에 구조조정을 당할 사람도 있으므로 하루라도 빨리 회사가 자신에게 기대하지 않고 있음을 깨닫는 편이 낫다.

이제 여기서부터는 어떻게 하면 부자가 될지를 단계별로 정리했다. 평범한 회사원만 해당되는 내용이 아니다. 자영업을 하는 사람, 프리랜서, 아르바이트생 등 애써도 돈이 모이지 않고 노후가 불안한 사람에게도 도움이 되는 부자가 되는 포인트를 소개한다.

D-7

언제까지 얼마를 모을지
구체적인 계획을 짜라

우선 부자가 되기로 정하자. "새삼스레 무슨 말이야. 그러기 위해서 이 책을 읽고 있잖아"라고 말할 수도 있지만, 당신은 정말 부자가 되기로 결심했는가? 많은 사람은 부자가 되고 싶다는 바람 정도만 있다.

그런 사람만 부자가 되는 수단으로 곧바로 떠오르는 것은 복권 당첨이리라. 부자가 되는 것을 운에만 맡겨서는 안 된다. 어느 정도 단계를 밟아나가야 한다. 추상적으로 부자가 되고 싶어 하는 것과 구체적으로 부자가 되고 싶어 하는 것은 전혀 다르다. 구체적으로 부자를 목표로 하는 것은 자산을 얼마나 소유하고 있고,

언제까지 가지고 있을지를 명확하게 하는 것이다.

당신은 언제까지, 얼마의 자산을 만들 계획인가? 당신은 구체적인 금액이 머릿속에 떠올랐는가? 그중에는 저축이 0원인 상태로 10년 후에 10억 원을 모으고 싶다고 말하는 사람이 있을지도 모른다. 불가능한 것은 아니지만 상당한 노력이 필요하다. 이 숫자는 사람에 따라서 제각각일 텐데, 보다 더 잘 알기 위해서 이번에는 부자를 구체적으로 정의해보겠다.

예를 들어, 나이 60대에 환금 가능한 자산 10억 원_{현금, 예금, 집, 토지 등}을 가지고 있는 상태를 부자라고 정의하자. 노후에 얼마나 필요할지는 사람에 따라 제각각이지만, 일반적인 회사원으로 60세에 정년을 맞는 부부라고 가정해보자.

60세부터는 일하지 않고 연금을 받을 수 있는 65세까지 편히 쉬고 싶을 것이다. 아직 식욕도 있고 여러모로 놀고 싶어서 연간 5,000만 원 정도 필요하다. 그러면 '5,000만 원×5년=2억 5,000만 원'이라는 계산이 된다_{연금을 받을 수 있을 때까지 파산할 만한 금액이다}. 남은 것은 7억 5,000만 원이다.

연금을 드디어 받게 된 65세부터는 수중에 얼마가 있을까? 부부 두 사람이 한 달에 300만 원으로 생활하고 85세까지 둘 다 살아있다고 해보자. 생활비 300만 원 중 200만 원을 연금으로 조달하면 한 달 100만 원_{300만 원-200만 원}×12개월×20년=2억 4,000만 원이다. 60세부터 85세까지 합계금액은 대략 5억 원이다.

그 밖에 간호와 장례 준비 비용으로 한 사람당 5,000만 원×2인=1억 원이 추가로 든다. 자녀나 손자에게 지원, 집수리, 자동차 교체비가 필요한 사람도 있을 것이다. 이러한 경비를 20년에 1억 원으로 준비해둔다.

지금까지 언급한 내용을 바탕으로 필요한 최소의 금액을 정리하면 7억 원이다.

부자라고 하니 여행도 가고 싶고, 맛있는 것도 먹고 싶고, 두 사람의 자녀에게 1억 원은 남기고 싶으리라. 그러면 적어도 3억 원은 필요하다.

연금을 제하고 필요한 금액으로 7억 원과 여유자금 3억 원인 것이다. 여기에서는 합쳐서 10억 원을 금융자산으로 가지고 있는 사람을 부자라고 정의한다.

물론 노후에 얼마가 필요할지는 사람마다 각자의 상황에 따라 다르다. 60세부터 연금을 받을 수 있는 65세까지 일하면 2억 5천만 원은 빠지게 된다. 즉 7억 5천만 원만 있으면 된다 _{7억 5천만 원도 대단한 금액이지만}. 생활비가 적게 드는 해외로 이주하면 매달 생활하는 데 드는 돈을 상당히 줄일 수 있다. 반대로 본인 소유의 집이 없는 사람은 집세라는 고정비용을 계속 내게 되므로 더욱 돈이 필요하게 된다.

다만 여기서 계산한 필요경비는 여유를 두고 계산했다. 필시 앞으로는 소비세가 오를 것이고, 의료비의 자기 부담도 늘어날 것이다. 그리고 필시 연금지급액은 떨어진다. 즉 매달 필요한 금액은 지금 연금생활자보다 늘어날 게 확실하다. 실제로 노후에 얼마나 들지는 저마다 사정에 맞추어 계산해보기를 바란다. 어쨌든 안심하고 웃으며 노후를 맞이하려면 여유 있는 자금이 없으면 안 된다.

하지만 이렇게 구체적으로 '60세까지 10억 원을 가지고 있는 사람이 부자다'라고 생각해보니 여러 가지가 보이지 않는가? 당신이 35세로 저축이 0원이라고 하면 앞으로 매년 4,000만 원씩 모으지 않으면 안 된다. 이것은 상당히 어려운 일이다.

한번 계산해보기를 바란다. 10억 원으로 상정하고 당신의 현재 자산을 빼고 65세_{또는 60세}가 되기 전까지의 남은 햇수로 나누면 된다. 대부분의 사람은 상당한 금액이 나올 것이다. 그중에는 자신이 받는 급여의 대부분을 저축하지 않으면 무리인 사람도 있을 것이다.

그렇다. 저축만으로는 10억 원을 모으기가 어렵다. 이것을 깨닫는 것만으로도 크나큰 한걸음이다. 성실하게 알뜰살뜰 저축하는 것만으로는 부자가 되기 어렵다.

그중에는 "퇴직금도 있으니까 괜찮다"라는 말을 하는 사람도 있을 텐데, 중소기업의 경우 퇴직금제도가 제대로 되어 있을지는 불투명하다. 회사를 그만두고 나서 처음으로 퇴직금제도가 없다는 것을 아는 사람도 있고, 상사가 받았다고 해서 당신도 받는다

고 단정할 수는 없다. 퇴직금은 회사의 경영상황에 따라 금액이
나 지급 여부가 달라지므로 애초에 크게 기대하면 안 된다. 여담
이지만, 회사를 그만두고 싶다고 생각하는 사람이라면 퇴직하면
얼마를 받을 수 있는지 확인하고 나서 관두는 게 좋다.

　60세까지 10억 원이라고 적어보면, 그때까지 어떻게 자산을
만들면 좋을지 알 수 있는 동시에 당신의 노후에 대해서도 생각
해볼 것이다. 저마다 자신이나 가족을 생각해서 60세까지 10억
원으로 충분할지도 생각할 것이다. 구체적으로 부자가 되기로 정
하자. 이는 자신의 인생을 어떻게 살아갈지, 어떻게 지내다 죽음
을 맞을지, 자신이 죽은 뒤에 아이와 손자의 장래는 어떻게 될지
생각해보는 것이다.

　여기까지 읽고 60세까지 10억 원은 역시 무리라고 생각하는
사람도 많을 것이다. 포기하면 안 된다. 그러한 사람은 80세가 지
나도 정기적으로 돈이 들어오는 시스템을 만드는 것으로 10억 원
에 부족한 금액을 채울 수 있다. 즉 죽기 전까지 10억 원이라고
보면 되는 것이다.

　그렇다면 구체적인 금액을 알게 되었으니 다음 단계로 넘어가
보자.

D-6

3년 안에 3,000만 원의 밑천 마련을 목표로 한다

밑천이라는 말을 알고 있는가? 밑천은 투자의 바탕이 되는 돈이다. 주식은 이 밑천을 늘려나가는 것이다. 부자의 씨앗이 되는 돈이라고 생각하면 좋다.

밑천은 아주 중요한 돈이다. 눈사람을 만들어본 적이 있는 사람이라면 알 테지만, 처음에는 손으로 꼭 쥘 정도로 작은 덩이를 굴려서 크게 만든다. 이 작은 눈덩이가 뭉쳐져서 점점 커진다. 밑천은 뭉쳐지기 전의 눈이다. 이 밑천이 없이는 돈을 크게 불릴 수 없다.

그렇다면 밑천은 얼마 정도 있어야 할까? "많으면 많을수록 좋다"라고 답하고 싶지만, 저축이 0원인 사람이 65세^{또는 60세} 까지 10억 원을 목표로 한다면 우선 3,000만 원의 밑천을 만들면 좋다.

'3,000만 원의 밑천'이라는 말을 듣고 어떤 생각이 드는가? 간단하다? 어렵다? 어느 쪽이든 부자가 되려면 이 밑천이 필요하다. 하지만 이 3,000만 원을 언제까지 모아야 할까? 가능하면 3년, 늦어도 5년 이내에는 달성하면 좋다.

3년이라면 매달 50만 원씩, 여름과 겨울 보너스로 매년 400만 원을 모으면 된다.

5년이라면 매달 30만 원씩, 여름과 겨울 보너스로 매년 240만 원을 모으면 된다.

점점 구체적인 이미지가 그려지고 있지 않은가. 당신은 3년 만에 모을 수 있는가? 아니면 5년이 필요한가? 이런 선택의 순간에 "아니, 3년까지 기다릴 필요 없다. 나는 2년이면 모을 수 있다"라고 말하는 사람이 있다. 분명 단숨에 모아서 단숨에 부자가 되는 길에 오르는 사람이 있지만, 대부분의 사람은 무리하면 오래가지 못한다. 매일 달리자고 정하고 3일 만에 그만두는 사람, 다이어트에 몇 번이나 요요를 경험한 사람도 마찬가지다.

다이어트 요요와 같은 공포가 저축 반작용에 의한 낭비다. 무리한 저축 탓에 스트레스가 쌓여 오히려 돈을 쓸데없이 낭비하게 되는 것이다. 이 밑천을 만드는 기간에 당신과 돈의 관계를 충분히 다져야 한다. 이 기간은 앞으로 오래 함께할 돈과 어떻게 마주할지 생각하는 시간이기도 하다.

밑천을 만들면서 당신의 돈에 대한 체질을 개선해보자. 대부분의 가난은 대개 시간이 지나면서, 돈을 소비하면서 천천히 현재의 가난에 이른 것이다. 부자가 되는 첫 단계에서는 무리하지 말고 차근차근 돈을 모으자.

가난 습관이 몸에 배어 있는 사람에게 권하고 싶은 것은 적립형 투자신탁이다. 적립형 투자신탁은 매달 소득이 들어왔을 때와 보너스를 받았을 때 일정 금액을 납입하는_{묶어놓는} 것이다. 적립 투자신탁의 무엇보다 좋은 점은 쉽게 빼내 쓸 수 없다는 것이다. 상당한 이점이다.

은행 예금은 간단하게 빼내 쓸 수 있고, 정기예금도 모아둔 금액에 따라 인출 가능하다. 그렇기 때문에 의지가 약한 가난 습관이 몸에 밴 사람에게는 빼내 쓰기 어려운 적립형 투자신탁이 가장 좋다.

그리고 은행예금은 상당히 이율이 낮지만, 투자신탁은 3% 정도의 이율을 기대할 수 있다_{물론 원금을 잃을 가능성도 있다}. 이자에 이자가 붙는 '복리'라는 방법으로 늘려나가는 점도 좋은 점이다.

예를 들어 매달 50만 원, 여름과 겨울 보너스로 매년 400만 원을 3년간 모으면 이자가 붙지 않았을 때에는 3,000만 원이지만 투자신탁으로 3%의 이율이 적용되면 100만 원의 이자가 붙는다.

3년에 약 100만 원은 요즘 같은 시대에는 고마운 일이다. 복리는 아인슈타인이 '인류 최대의 수학적 발견'이라고 할 만큼 대단한 발상이다.

부자의 반열에 오르려면 복리의 힘도 이용한 적립형 투자신탁으로 밑천을 만드는 게 중요한 첫 단계다.

D-5

불필요한 물건, 인간관계, 소비를 버려라

밑천을 모을 준비가 되었다.

"다음은 밑천이 모일 때까지 마음 편히 지내자."

이렇게 생각하는 사람은 결국 모아둔 돈으로 여행을 가고 끝나 버린다. 언제가 됐든 부자가 되지 못한다.

밑천이 모이는 기간은 부자가 되는 준비기간이다. 밑천을 써서 승부하기 전에 제대로 환경을 정비하자.

우선은 버리는 것이다. 주변에 있는 이런저런 물건을 버려보자. 가난해지기 쉬운 사람은 일단 주변이 어수선한 사람이 많다. 집은 불필요한 것으로 가득하고 불필요한 것이 많기 때문에 책상 위에도 잡다한 물건이 놓여 있다. 어쨌든 필요 없는 물건을 버리자.

그리고 필요 없는 인간관계도 버리자. 험담하기 위한 목적뿐인 직장의 술자리, 튀는 게 싫어서 들어간 단톡방 등 마음의 외로움을 채우기 위한 쓸데없는 인간관계는 가난의 바닥을 구르는 속도를 가속할 뿐이다. 부자가 되기로 정했다면 쓸데없는 인간관계에 신경 쓰는 시간은 필요 없다.

쓸데없는 소비도 버리자. 당신은 통신비를 너무 지출하고 있지는 않은가? 등록해놓고 가지 않는 헬스장 지출이 있지 않은가? 돈이 없는 사람은 "한 달로 나누면 겨우 이것밖에 안 되는 가격이다"라는 말에 약하다. 분할납부 말이다. 한번 당신의 소비를 돌아보자.

나도 무심코 산 1,000원짜리 캔커피 금액을 계산해보니 매달 10만 원이 넘었다. 직접 커피를 내려 마시자 지출은 4분의 1로 내려갔다. 밑천 만들기를 가속하도록 고정비의 쓸데없는 지출을 그만두자.

D-4

재테크 관련 도서를 읽으며 공부하라

"부자가 되고 싶다면 책을 읽어보세요"라고 말하면 "책은 많이 읽습니다. 추리소설을 좋아해요. 히가시노 게이고 소설을 특히 좋아해요" 하고 말하는 사람이 종종 있는데, 부자가 되는 데 범인을 추리해야 할 상황은 없다.

<u>필요한 것은 돈의 움직임을 추리하는 것뿐이다.</u> 그렇기 때문에 돈에 관련된 책을 많이 읽어보자. 투자신탁에 관련된 책, 주식에 관한 책, 부동산투자에 관련된 책 등 일단 흥미가 있는 부분부터 읽어도 좋다. 어떻게 하면 부자가 될지, 어떻게 하면 돈을 벌지, 자신은 어떤 분야가 특기인지 진짜로 투자를 하면 무엇이 좋은지

에 대한 답을 알 수 있다.

책은 저자의 지혜와 시간이 집약된 것이다. 간접적 체험이라고 생각하고 준비기간에 충실히 돈에 관련된 책을 읽자.

돈뿐만이 아니다. 세미나에 참가해도 좋다. 당신 주변에는 없어도 부자가 되고 싶은 사람이 모이는 세미나가 많다. 같은 뜻을 가진 사람을 만나려면 세미나만 한 곳이 없다.

다만 판매나 회원 모집을 목적으로 유명 강사를 부르는 세미나도 많으므로 주의해야 한다. "부자가 되고 싶다"라고 생각하는 사람이 있으면 그 부분을 노려서 상품 판매를 하는 곳도 많다.

그곳을 간파하고 속지 않는 것도 부자가 되는 길이다. 하지만 무서워하지 않아도 된다. 부자가 되는 것은 일종의 모험이다. 가끔 악당이 나타나기 때문에 즐거운 것이다.

밑천이 모이기까지의 준비기간에 하는 공부는 운에만 의지하지 않고 패배하지 않는 승부를 하기 위해서도 필요하다.

D-3

급여 외에 부업으로 돈을 벌어보라

책을 읽거나 세미나에 가는 것만으로는 이론만 빠삭해져서 움직임이 둔해질 우려가 있다. 밑천이 모이기까지는 부자가 되기 위한 준비기간이다. 이때 본격적으로 갖추어서 가볍게 스스로 버는 연습을 해보자.

회사원은 급여를 '내가 번 돈'이라고 생각하는데, 그 돈은 회사의 시스템이 벌어다 준 돈의 일부를 분배한 것에 지나지 않는다. 창업자나 선배가 만들어둔 돈 벌리는 시스템 속에서 일하고 있을 뿐이다. 부자가 되려면 자신의 지혜와 시간과 돈을 써서 승부하지 않으면 안 된다.

하지만 갑자기 승부를 보려고 하면 질 게 뻔하다. 그러므로 이 준비기간에 스스로 버는 연습을 하면 좋다. '부업'이라고 바꿔 말할 수도 있다. 인터넷에서 자신의 물건이나 가족의 물건을 팔아도 좋다. 주식을 작은 규모로 해봐도 좋다. 우선 급여 이외의 돈을 벌어보자. 잘되면 그곳에서 당신이 부자가 되는 길을 찾을지도 모른다. 잘 안 돼도 괜찮다. 다음 성공의 발판이 되는 경험이 된다.

밑천이 모이기까지 돈의 감도를 갈고닦는 것이 중요하다. 우선 돈 버는 연습, 돈을 버는 방법에 대해 생각하는 습관, 다양한 포인트를 익히는 것에 목표를 두자. 그리고 밑천이 쌓였다면 승부하자.

당신은 무엇에 승부를 걸 텐가?

D-2

밑천 3,000만 원과 재테크 지식으로 투자하라

자, 이제 밑천이 모였다. 3년이 걸렸는가? 5년이 걸렸는가? 어쨌든 밑천이 모였다면 드디어 승부다. 승부라고 하면 단판 승부로 흑백이 갈린다는 인상인데, 돈의 세계에서는 '단판으로 결정한다'라는 자세는 별로 없다. 가능한 한 평상심으로 임하자.

밑천이 모이기까지 돈에 대한 감도는 어느 정도 연마했는가. 주변을 보고 자신의 현재 상황을 진단해보고 부자의 반열에 올라보자.

그중에는 도약하지 못하는 사람이 있을지도 모른다. 조금씩 자신의 페이스로 돈을 모아 나간다면 노후에 10억 원, 혹은 그 이상

모을 수 있는 방도가 보일지도 모른다.

혹은 부업으로 해왔던 일이 잘 풀려서 그것을 계속하기로 결정한 사람이 있을지도 모른다. 이런 사람은 도약하지 않아도 부자가 되는 길을 찾은 것이다. 그것은 그것대로 대단한 일이다. 아니, 오히려 그것이 가장 확실할 수 있다.

많은 사람은 가장 짧은 시간에 부자가 되는 길을 걷고 싶어 한다. 밑천 3,000만 원을 어떻게 사용할지는 사람마다 다르다.

무엇보다도 밑천을 활용하기에는 부동산 투자가 좋다고 생각한다. 당신이 밑천 3,000만 원을 손에 넣기까지 부동산 공부를 했다고 하자. 그 돈과 당신의 인내, 당신이 회사원이라면 그 지위를 활용해서 부동산 구입에 힘쓰자.

한마디로 부동산이라고 했어도 많은 종류가 있다. 아파트, 빌라, 중고, 신축, 도심, 교외 등등. 내가 권하는 것은 교외나 지방 도시의 역 근처에 신축, 한 동으로 빌라를 건축하는 것이다. 왜냐하면 오래된 건물을 찾아보면 찾을 수 있지만, 천에 셋밖에 좋은 물건이 없다는 의미로 '천삼'이라는 말이 있을 정도로 오래된 건물로 좋은 물건을 확보하기는 어렵다. 게다가 그 시장은 고수가 많아서 인터넷에 나온 정보로는 거의 쓸데없는 조건이다. 좋은 조건은 세상에 나오기 전에 이미 100% 팔려버리기 때문이다.

세상은 인터넷으로 모두 볼 수 있다. 모든 정보는 인터넷상에 나와 있다고 생각하기 쉬운데, 돈이 되는 정보는 겉으로 드러나지 않고 처리된다.

내가 보증인 문제로 금융기관과 교섭을 끝냈을 즈음에 완전히 친숙해진 은행 담당자에게 앞으로는 부동산투자도 하는 인생으로 살고 싶다고 하자 그 담당자가 살짝 귀띔해주었다.

"좋은 정보는 강의 상류에서 붙잡지 않으면 안 됩니다"

금융기관의 사람들은 알고 있었던 것이다. 세상에는 좋은 정보가 숨어 있다는 것을 말이다. 왜냐하면, 그 정보는 거의 금융기관에서부터 나오기 때문이다.

어떤 정보냐 하면 세상에 드러나면 곤란해지는 것으로, 그것도 서둘러 처리하지 않으면 안 되는 물건이다. 만약 조금 구체적으로 말하면 채무보증이나 회사 자금조달을 위해 팔지 않으면 안 되는 경우나 자산을 가지고 있는 사람이 사망해서 상속 관계로 토지를 처분하지 않으면 안 되는 경우다. 둘 다 협상해서 금액을 올린다는 마음보다 세상에 알려지지 않고 빨리 처리하고 싶다는 곤란한 이유로 매우 이득이 된다. 세상에 나오면 확실히 가격이 오르는 토지, 빌라, 아파트를 진짜 낮은 가격으로 손에 넣을 수 있다.

이처럼 정보를 누구보다도 빨리 얻는 곳이 금융기관이다. 채무 불이행 등으로 토지 매각을 촉구하는 것이 금융기관이기 때문에 어떤 의미에서는 금융기관이 판매 주체라고 해도 좋은 상황이다.

금융기관은 그 토지나 건물을 팔아줄 것 같은 한정된 몇몇 부동산 회사에 그 정보를 건넨다. 속도가 생명이기 때문에 부동산 회사는 사줄 것 같은 사람에게 정보를 던진다. 이때 당신에게 부자가 될 수 있는 최고의 기회가 찾아온다.

여기까지 읽고 당신은 의문이 들지 않는가? '부동산회사가 정말로 좋은 조건의 물건을 자신에게 소개해줄까?' 하고 말이다. 솔직히 말하면 어렵다. 당신이 많은 자산을 가지고 있다면 사연 있는 물건이라도 괜찮을 테지만 자산이 별로 없는 당신은 물건이 어지간히 좋지 않으면 융자가 나오지 않는다. 그러므로 부동산회사에 있어서도 그다지 좋은 고객이 아니다.

하지만 "좋은 물건이 아니면 융자가 안 나온다"라는 것은 "좋은 물건이라면 융자가 나온다"라는 말이 된다.

부동산회사에는, 빈번하지는 않지만, 간혹 밖으로 나오기 어려운 물건이 돈다. 대부분은 큰손들에게 돌지만, 그 큰손들도 같은 해에 몇 번이나 융자를 받을 수 있지는 않다. 그러므로 때로는 부동산회사도 판매에 곤란한 경우가 있다. 이 타이밍을 당신이 만나느냐 여부가 부동산 투자에 성공해서 부자가 될 수 있는지를 나누는 갈림길이 된다.

"이 물건이라면 매우 좋은 조건이고 회사원이라도 융자가 가능하다"라고 생각하면 어떨까. 이는 자신의 의지만으로는 어떻게 할 수가 없다. 그야말로 '운'인 것이다. 그러므로 평소에 '운'을 모아두고 이때 그 '운'을 사용해야 한다. 어떤 의미에서 필연적이라고 할 만한 부동산 '초보자의 행운'이 일어난다.

그리고 드디어 융자 신청을 한다. 회사원이라는 '지위'라고 적었지만, 금융기관에서 회사원은 상당히 평가가 높다는 데 깜짝 놀랐다. 당신이 생각하는 것 이상으로 평가받게 된다.

부동산을 구입할 때에는 부동산 수입으로 생활하려고 생각하는 사람은 평가가 내려간다. 어디까지나 본업은 회사원으로 생활이 가능한 사람에게 융자를 해준다. 내 경우에도 첫 번째 건물을 샀을 때보다 두 번째 건물을 샀을 때 더 수입이 안정적이었는데도 의외로 심사가 엄격해져서 깜짝 놀랐다. 첫 번째는 아주 좋은 조건이었는데, 수입 전체에서 차지하는 부동산 수입의 비율이 늘었기 때문에 불안정성이 커졌다고 판단한 듯하다.

예를 들어 적은 수입이라도 회사에서 매달 급여를 받는 편이 안정적이라고 금융기관은 판단하는 것이다. 그래서 금융기관에서 회사원은 높은 평가를 받는다. 이는 거의 대부분의 회사원이 모르고 있는 점이다. 설마 내가 10억 원, 20억 원의 돈을 빌릴 수 있을 정도로 평가받으리라고는 생각도 못한다.

그러므로 회사에서는 평가받지 못하는 평범한 회사원으로 중요한 업무도 맡고 있지 않으므로 시간이 있는 사람일수록 부동산 투자로 인생 대역전 기회를 노려볼 수 있다. 금융기관의 사람은 회사원으로서만 당신을 바라보기 때문에 당신의 사내 평가 따위는 아무 상관없다. 그리고 밑천을 바탕으로 승부했다면 다음은 단숨에 속도가 붙는다.

D-1

투자로 얻은 수익은
장기적인 안목으로 굴려라

두께 0.1mm의 종이를 몇 번이나 접어야 달에 닿을 수 있을까? 수십만 번, 수백만 번의 단위라고 생각할 것이다. 대답은 단 42회라고 한다. 처음에는 0.2mm, 0.4mm로 조금씩 늘어나지만, 14회 접었을 쯤에는 160cm를 넘고, 42회 접으면 지구에서 달까지의 거리를 넘는 약 44만 km가 된다고 한다. 다만 실제로는 7회 혹은 8회밖에 접을 수 없다고 하지만 말이다.

마치 부자가 되는 과정과 닮았다. 처음에는 만 원, 2만 원을 모으고 서서히 그 금액이 커져서 밑천을 바탕으로 투자가 잘 되면 점점 속도가 붙어서 돈이 들어온다. 나의 대학 시절, 가난한 선배가 말한 것처럼 "돈은 쓸쓸한 걸 싫어해서 돈이 있는 곳에 모인다"라는 상황이 된다.

돈이 들어오게 됐다고 해서 들뜨면 안 된다. 노후에 안심하고 살 수 있도록 10억 원의 금융자산을 확보하자. 가능하면 빨리, 조금 욕심을 부린다면 자손도 안심하고 살 수 있도록 어느 정도의 자산도 남기고 싶을 것이다.

그러면 밑천으로 승부한 투자에 성공하면 어떻게 해야 할까? 당연한 이야기이지만, 성공에 들떠도 안 되고 써버려도 안 된다. 부동산투자가 조금 잘된다고 회사를 그만두는 사람이 있는데, 어지간히 큰 벌이가 되지 않는 한 회사를 그만두는 것은 좋지 않다.

부동산투자로 성공한 다수의 사람이 회사원과 부동산투자를 겸업한 것을 보면 알 수 있듯이 만일의 사태를 대비해서 회사원의 지위를 지키는 게 좋다. 이처럼 투자가 초보자의 행운으로 잘 풀렸다고 해서 들뜨지 않는 것이 중요하다.

그리고 써버리지 않는다. 수입이 늘었다고 해서 지출도 똑같이 늘게 되면 돈은 조금도 모을 수 없다. 어디까지나 라이프 스타일을 바꾸지 않아야 부자의 반열에서 굴러떨어지지 않는다.

"달걀을 하나의 바구니에 담지 마라"는 말은 투자의 세계에서 쉽게 들을 수 있다. 만일의 사태를 대비해 분산시키는 것이 중요하다. 만약 부동산 분야에서 수입을 얻었다면 그 돈을 주식으로 돌려 국채를 매입하거나 다른 분야에 투자하는 것이다.

구체적인 예시 중 하나에 주식과 돈의 가치는 연동하지 않는다고 할 수 있다. 주식의 가치가 오를 때는 돈의 가치가 내려가고, 주식이 내려갈 때는 돈의 가치가 상승한다. 그러므로 주식에서 번 돈으로 돈을 사면 어느 쪽도 움직이지 않고 뒤집히지 않아 안심할 수 있는 상황을 만들 수 있다.

투자에서 돈이 늘어났다면 다음은 얼마나 돈을 굴릴지 생각하면 된다. 기본적으로 주가 상승 및 하락은 있지만 안정된 기업은 자산을 축적한다. 로봇이나 바이오 등 장래 유망한 산업에 돈을 투자해도 좋지 않을까. 기본은 장기적인 안목으로 투자하는 자세다. 귀여운 아이돈가 때때로 좌절을 맛보면서 크게 성장하는 것을 지켜보는 마음이 중요하다.

부동산에 대해 말해보면, 2020년 도쿄 올림픽까지는 건설비도 토지 가격도 조금 부푼 상태가 계속될 것이다. 그리고 버블붕괴라고는 할 수 없지만, 단숨에 토지나 중고 아파트 가치가 내려가는 국면이 올 것이다. 그때가 기회다. 지금부터 그 기회를 향해 밑천을 모으면 상당히 싼 가격에 좋은 토지나 물건을 손에 넣을 수 있을 것이다. 지금 좋은 물건이 없다고 해서 허둥댈 필요는 없다.

당신의 소중한 돈이 기분 좋게 움직이도록 돈을 가진 주인인 당신이 움직이기 좋은 장소를 찾아보자. 주식? 금? 부동산?

당신의 돈이 왕성하게 움직이기 시작했다면 이미 당신은 부자가 되었다고 생각해도 된다.

D-day

의식적으로 운을 부르는 말을 하라

밑천이 모이기까지 3년이나 5년 동안은 주변에 있는 쓸데없는 것을 버리는 작업을 하는 게 중요하다. 깨끗해진 상태가 되었다면 밑천을 써서 승부한다.

버리는 것이 있는 한편 모으지 않으면 안 되는 것이 있다. 바로 '운'이다. 운 이야기는 "어쩐지 믿음이 가지 않는다"라고 받아들일지도 모르겠다. 혹은 "드디어! 거론할 줄 알았다"라고 반길지도 모르겠다.

부자가 되고 싶은 사람이 취하는 접근에는 크게 두 가지로 나뉜다. 하나는 실무주의다. 철저하게 돈의 움직임에 주목하고 숫자와 세상의 동향을 읽고 돈을 불리는 유형이다. 또 하나는 눈에 보이지 않는 것이나 내면의 연마로 부자가 되려는 유형이다. 풍수에 주목하고 지갑을 바꾸거나 행운의 장소에 간다. 집에서는 자기계발을 충실히 한다.

어느 쪽이 부자가 되기 쉬울까? 내 주변에서 풍수나 점괘에 의지해서 부자가 된 사람을 본 적은 없다. 바로 이런 쪽에 의지한 순간부터 가난의 길로 굴러떨어지는 사람이 많았다. 역시 자신의 눈으로 세상의 움직임을 읽고, 숫자를 제대로 인지하고 움직이는 사람이 재산을 확실하게 불리는 것 같다.

하지만 가능하다면 즐겁게 부자가 되고 싶다. 복권에 당첨되거나 구입한 주식이 대박이 되거나 하는 식으로 말이다. 어쨌든 기적에 가까운 일이 일어나면 좋겠다. 그런 일이라도 일어나지 않으면 보통의 회사원이 짧은 시간에 부자가 되는 일은 매우 어렵기 때문에 기적을 바라는 것도 이해는 간다.

앞에서도 소개한 "승리할 때 불가사의한 승리가 있고, 패배할 때 불가사의한 패배가 없다"라는 말을 나는 다음과 같이 해석한다.

"가난해지는 사람에게는 반드시 이유가 있다. 부자가 될 때에는 이해할 수 없는 일이 일어난다"

실제로 내가 부동산투자를 시작했을 때 자기자본금이 거의 없는 나와 30년 계약이라는 파격적인 조건으로 직접계약을 맺은 기업이 있었다. 그 밖에도 몇백 명, 몇천 명의 투자자가 조금이라도 좋은 조건의 물건을 찾고 있는 상황에서 어째서인지 처음 흥정하는 회사원인 내게 부동산 공인중개사가 훌륭한 조건의 아파트 투자를 소개해주었다. 지금 생각해도 불가사의한 일이다. 몇 년이 지난 지금도 은행원이 그런 좋은 투자는 본 적이 없다고 말할 정도로 좋은 조건이었다. 그리고 최근에도 주변 시세로 보면 수천만 원이나 싼 토지를 우연히 소개받아 매입을 진행하고 있다.

부동산뿐만이 아니다. 보유한 주식이 급격하게 상승한 일도 내 힘은 아니었다. 그야말로 '불가사의하다'고 밖에 말할 수 없는 일이 일어났다.

어째서 이렇게 불가사의한 일이 일어났는지 나는 모른다.

다만 돈 때문에 힘들었던 시절에 부적을 산다든지, 영험하다는 산을 간다든지, 화장실 청소가 운을 불러들인다는 말을 듣고 청소를 하는 등 '운'이 좋아진다는 방법은 여럿 해보았다. 그런 일이 정말 효과가 있었는지도 모르겠다.

기본적으로 무엇이 가장 좋았을까? 나는 즉각적으로 다음과 같이 답하겠다.

"'고맙다'와 '재수 좋다'라는 두 가지 단어를 소중히 해야 한다."

말에는 불가사의한 힘이 있다. 상대에게 '바보'라든지 '죽어' 등 나쁜 말을 하면 자신에게 나쁜 일이 돌아오고, 반대로 좋은 말을 하면 나중에 자신에게 돌아온다.

언령이라고 할까. 나는 젊었을 때 "고마워"라는 말을 계속했다. 특히 빚을 떠올리며 "고맙다"라는 말을 계속했다. 가끔 "고맙다고 말을 걸면 질병이 줄어든다"라는 전단지를 보고 밤늦게까지 빚에게 "고맙다"라고 말을 걸었다. 그게 정말 먹혔는지 정말로 빚은 줄어들었다.

감사하는 마음에만 "고마워"라고 말하는 게 아니라 나쁜 일이 일어나도 "고마워"라고, 화가 나는 상대에게도 "고마워"라고 말함으로써 불가사의하게도 나쁜 기운이 바뀐다.

두 번째는 "재수 좋다"라는 말이다. 이 말 덕분인지 진짜로 운이 좋아졌다. 좋은 물건도, 주식 상승도 이 "재수 좋다"라는 말이 운을 불러들였기 때문이라고 생각한다. 게다가 이 "재수 좋다"라는 말은 좋은 흐름을 더욱 가속시키는 것 같다.

이러한 체험은 모두 우연일지도 모른다. 하지만 "고맙다" "재수 좋다"는 불가사의한 승리를 부르는 강력한 단어라고 나는 믿는다.

그리고 좋은 인간관계도 좋은 운을 가져온다. 형의 회사 보증을 두고 교류해온 금융기관이나 세무서 사람과 성실하게 마주하는 것이 무엇보다도 가난에서 벗어나는 '운'을 내게 가져다주었다고 생각한다. 역시 사람과의 성실한 교제는 운을 부른다.

이 책에서는 가난해지는 데에는 이유가 있고 그중에도 생활습관에 그 원인이 있다며 여러 가지 내용을 다루었다. 하지만 부자가 되는 데 '운'이 같은 편이 되지 않으면 좀처럼 잘 풀리지 않는다.

그도 그럴 것이 주식도 부동산도 정답이 있다면 누구나 고생하지 않을 것이다. 가끔 투자의 프로도 착각할 때가 있다. 그 착각을 줄이기 위해서 공부하는데, 그럼에도 모르는 부분이 있다. 그야말로 신의 영역, '운'이 좌우한다.

돈의 감각을 갈고닦고 실제로 투자를 시작할 때 자신의 힘으로는 도저히 생각할 수 없는 일이 일어나면 단숨에 부자의 길에 진입하는 순간이 찾아온다.

자신의 힘으로는 생각할 수 없는 불가사의한 힘의 지원을 받기 위해서는 밑천이 모이기까지, 아니 앞으로도 계속 훌륭한 인생을 보내기 위해서라도 '운'을 모아야 한다. 비윤리적이지만 부자가 되기 위해서는 매우 중요한 것이다.

위기를 기회로!

반복해서 말하지만, 가난은 생활습관 질병이다. 평소 생각과 행동이 당신을 가난하게 만든다. 그리고 가난은 전염병이다. 가난은 주변에 퍼진다.

'가난 보균자'를 탈출하려면 우선 가난을 자각해야 한다. 매달 정해진 급여를 받는 사람은 깨닫기 어렵다. 어렴풋하게 느끼는 사람은 많아도 대부분 제대로 마주하지 않으려 한다.

"나는 괜찮다"라고 근거 없는 자신감으로 방심하다가는 질병, 간호, 가족의 문제로 눈 깜짝할 새에 빈곤에 빠지게 된다. 가난의 구렁텅이에 한 번 빠지면 좀처럼 헤어 나올 수 없다.

이 책은 한 번 읽고 끝나는 책이 아니다. 자신이 신경 쓰였던 부분, 자신뿐만 아니라 가족의 생각이나 행동에서 신경 쓰였던 부분을 체크해보자. 가난의 바닥으로 떨어졌다고 느꼈을 때가 부자로 반전할 기회다. "괜찮다"는 위험신호다. 이 책을 계기로 한 사람이라도 많은 사람이 부자가 되는 계단에 올라서길 바란다.

사쿠라가와 신이치